D1729623

Timo Barz

Unternehmenswertorientiertes Controlling und Intangible Assets

Instrumente und Methoden zur Identifikation und Bewertung erfolgskritischer immaterieller Ressourcen

Diplomica Verlag GmbH

Barz, Timo: Unternehmenswertorientiertes Controlling und Intangible Assets: Instrumente und Methoden zur Identifikation und Bewertung erfolgskritischer immaterieller Ressourcen. Hamburg, Diplomica Verlag GmbH 2013

Buch-ISBN: 978-3-8428-9250-7
PDF-eBook-ISBN: 978-3-8428-4250-2
Druck/Herstellung: Diplomica® Verlag GmbH, Hamburg, 2013

Bibliografische Information der Deutschen Nationalbibliothek:
Die Deutsche Nationalbibliothek verzeichnet diese Publikation in der Deutschen Nationalbibliografie; detaillierte bibliografische Daten sind im Internet über http://dnb.d-nb.de abrufbar.

© Diplomica Verlag GmbH
Hermannstal 119k, 22119 Hamburg
http://www.diplomica-verlag.de, Hamburg 2013
Printed in Germany

Inhaltsverzeichnis

Abbildungsverzeichnis

III

Abkürzungsverzeichnis

AG	Aktiengesellschaft
AKWB	Arbeitskreis Wissensbilanz
ATFC	After-Tax Cashflow
BilMoG	Bilanzrechtsmodernisierungsgesetz
BMWi	Bundesministerium für Wirtschaft und Technologie
BSC	Balanced Scorecard
CA	Capital Employed
CAPM	Capital Asset Pricing Model
CEO	Chief Executive Officer
CF	Cashflow
CIV	Calculated Intangible Value
CLV	Customer Lifetime Value
CSR	Corporate Social Responsibility
DCF	Discounted Cashflow
EnBW	Energie Baden-Württemberg
EBDIT	Earnings before Depreciation, Interest and Taxes
EBIT	Earnings before Interest and Taxes
e. V.	eingetragener Verein
EVA	Economic Value Added
FCF	Free Cashflow
F&E	Forschung & Entwicklung
FASB	Fincancial Accounting Standards Board
GB	Geschäftsbericht
GE	Geldeinheiten
HC	Lohn- und Gehaltskosten
HGB	Handelsgesetzbuch
IA	Intangible Assets
IAS	International Accounting Standards
IASB	International Accounting Standards Board
IASC	International Accounting Standards Committee
IC	Intellectual Capital
ICA	Intellectual Capital Audit
ICR	Intellectual Capital Report

ICS	Intellectual Capital Statement
IFRS	International Financial Reporting Standards
IV	Informationsversorgung
iV	immaterielles Vermögen
iVG	immaterielle Vermögensgegenstände, immaterieller Vermögensgegenstand
KMU	kleine und mittlere Unternehmen
KPI	Key-Performance-Indicator
M&A	Mergers & Acquisitions
MVA	Market Value Added
NGO	Non-Governmental Organization
NOPAT	Net Operating Profit after Taxes
OECD	Organisation for Economic Co-Operation and Development
PuK	Planungs- und Kontrollsystem
ROA	Return on Assets
ROAM	Return on Assets Managed
ROCE	Return on Capital Employed
ROI	Return on Investment
ROIC	Return on Invested Capital
RONA	Return on Net Assets
ROS	Return on Sales
RW	Restwert
SC	Structural Capital
STVA	Structural Capital Value Added
UW	Unternehmenswert
VA	Value Added
VACA	Value Added Capital Coefficient
VAHU	Value Added Human Capital
VAIC	Value Added Intellectual Coefficient
VCS	Value Chain Scoreboard
WACC	Weighted Average of Capital Cost
WB	Wertbeitrag
WCED	World Commission on Environment and Development
ZIS	Zentrum für Insolvenz und Sanierung

„Nicht bilanzierte (immaterielle) Vermögenswerte bilden
die Grundlage für unseren gegenwärtigen und zukünftigen Erfolg. "

(SAP Geschäftsbericht 2011)

1 Einleitung

1.1 Problemstellung

Intangible Assets beziehungsweise immaterielles Vermögen ist in dem Wertschöpfungsprozess von Unternehmen zu der wohl bedeutendsten Ressource nachhaltigen Erfolges
avanciert.[1] Die Tatsache, dass der Marktwert eines Unternehmens mehr als das Sechsfache
seines Bilanzwertes, in Einzelfällen sogar mehr, ausmacht[2], gibt Anlass dazu eben jene
Ressourcen im Unternehmen zu lokalisieren und einer Wesensbestimmung zu unterziehen.
Daneben stößt die externe Berichterstattung im Zuge des Value Reporting immaterieller
Werte auf steigendes Interesse der breiten Öffentlichkeit. Der Wunsch nach einer ganzheitlichen Abbildung des Unternehmenswertes impliziert dabei auch die Berücksichtigung
nicht-physischer Komponenten wie dem Image, Know-how oder Beziehungskapital. Obwohl ein aktives Bewusstsein für immaterielle Vermögenswerte in den meisten Organisati-
onen präsent ist, sind insbesondere Probleme bei der erfolgreichen Integration, Bewertung
und Fortführung dieser Ressourcen zu beobachten.

Das Controlling stellt dabei die zentrale Instanz für die wertorientierte Ausrichtung des
Unternehmens dar, indem wesentliche Werttreiber identifiziert, bewertet und auf die Unternehmensstrategie ausgerichtet werden. Neben der Führungsunterstützungsfunktion des
Controllings ist der Aufgabenbereich, der Planung und Kontrolle mit dem Informationsversorgungssystem koordiniert, ausschlaggebend für die erfolgreiche Integration und Ope-
rationalisierung immaterieller Ressourcen.

Die vorliegende Arbeit hat es daher zum Ziel, die mitunter durch das Controlling genutzten
und bereitgestellten Instrumente zur Identifikation und Bewertung immaterieller Ressourcen darzustellen und im Rahmen einer kritischen Analyse die Ansätze hinsichtlich ihres
praktischen Nutzens zu evaluieren.

---

[1] Vgl. Daum (2002), S. 7f.; Reimsbach (2011), S. 1ff.; Bischof/Fredersdorf (2008), S. 13ff.
[2] Vgl. Daum (2002), S. 152

1

1.2 Vorgehensweise

Im Kapitel Grundlagen werden die Funktionen des wertorientierten Controllings in Verbindung mit Zielen und Messgrößen beschrieben, um darauf aufbauend einzelne Methoden der Unternehmensbewertung herauszustellen. Der zweite Teil des Kapitels setzt sich mit den Besonderheiten immateriellen Vermögens auseinander und versucht eine Systematisierung dieser erfolgskritischen Ressourcen zu erschließen, wobei auch untersucht wird, wie diese zur nachhaltigen Entwicklung des Unternehmens beitragen können. Abschließend soll der Einblick in die bilanzielle Behandlung von Intangible Assets auch die bestehende Problematik der Berichterstattung durch die externe Rechnungslegung schildern.

Das erste Hauptkapitel beschäftigt sich mit der Identifikation immateriellen Vermögens in Unternehmen und stellt die Vor- und Nachteile sowie die Praxisrelevanz einzelner Ansätze heraus.

Im zweiten Hauptkapitel dieser Arbeit werden verschiedene Methoden und Instrumente zur Bewertung immateriellen Vermögens hinsichtlich unterschiedlich orientierter Bewertungsansätze analysiert und kritisch gewürdigt.

Das letzte Kapitel wirft ein Licht auf die Behandlung immateriellen Vermögens in der Praxis und zeigt anhand ausgewählter Geschäftsberichte die Relevanz des Value Reporting von Intangible Assets.

2 Grundlagen

2.1 Wertorientiertes Controlling

2.1.1 Ursprung und Definition des Controllings

Auch wenn kein einstimmiger Konsens über das Controlling, seiner Aufgabenbereiche und Funktionen sowie der betrieblichen Eingliederung in der einschlägigen Literatur zu verzeichnen ist, so lassen sich zumindest einige Fakten zusammentragen, die erste Eindrücke über die Disziplin vermitteln.

Seinen institutionellen Ursprung hat das Controlling in den Vereinigten Staaten von Amerika während des industriellen Aufschwungs in der zweiten Hälfte des 19. Jahrhunderts.[3] Die Eigentümer, im Sinne der Unternehmensführung, sahen sich damals einer gestiegenen

---

[3] Vgl. Horváth (2009), S. 18

Komplexität gegenüber, resultierend aus der wirtschaftlichen Wachstumsphase. Ein sich änderndes Markt- und Unternehmensumfeld, die Ausdehnung der Betriebsgrößen, der aufkeimende Wettbewerbsdruck durch Unternehmensneugründungen sowie der zunehmende Staatseinfluss in der Besteuerung und Regulierung gaben Anlass für die Initialisierung von Gegenmaßnahmen, um die Führungsebene zu entlasten.[4]

Daran anknüpfend ist die heutige Unternehmensumwelt keiner geringeren Komplexität ausgesetzt und von einer verstärkten Dynamik und Diskontinuität geprägt. Zusätzliche Gründe hierfür sind

- „die stagnierende und schrumpfende Nachfrage auf Grund von Marktsättigung,
- die Internationalisierung und Globalisierung des Wettbewerbs,
- die Verknappung und Verteuerung von Energie und Rohstoffen,
- das gesteigerte Umweltbewusstsein,
- sowie veränderte Lebensstile und Wertvorstellungen."[5]

Begrifflich stammt das Wort Controlling vom Englischen „to control" ab und bedeutet in der direkten Übersetzung unter anderem führen, (an)steuern und beherrschen.[6] Controlling hat somit primär nichts mit der Kontrolle oder einer kontrollierenden Eigenschaft gemein und sollte auch nicht unmittelbar damit in Zusammenhang gebracht werden. Vielmehr muss dieser Begriff als ein interdisziplinäres, vielschichtiges und auf mehrere Teilaspekte der Unternehmensführung ausgerichtetes Aufgabengebiet wahrgenommen werden, anstatt diesem seine deutsche Übersetzung beizulegen. Dass der Controller mitunter eine Kontrollfunktion inne hat, ist unumstritten. Allerdings macht diese Funktion nur einen Bruchteil des Ganzen aus. Daher sollen an dieser Stelle einige Definitionen aus der Literatur genannt werden, um einen genaueren Überblick über das derzeitige Verständnis zu vermitteln.

Horváth sieht Controlling als „dasjenige Subsystem der Führung, das Planung und Kontrolle sowie Informationsversorgung systembildend und systemkoppelnd ergebniszielorientiert koordiniert und so die Adaption und Koordination des Gesamtsystems unterstützt. Controlling stellt damit eine Unterstützung der Führung dar: Es ermöglicht ihr, das Ge-

---

[4] Vgl. Lingnau. In: Corsten/Reiß (2008), S. 91f.
[5] Jung (2007), S. 4
[6] Vgl. Wörterbucheintrag (Leo)

samtsystem ergebniszielorientiert an Umweltänderungen anzupassen und die Koordinationsaufgaben hinsichtlich des operativen Systems wahrzunehmen."[7]

Für *Ziegenbein* ist Controlling „die Auswahl und Nutzung von Methoden (Techniken, Instrumente, Modelle, Denkmuster) und Informationen für arbeitsteilig ablaufende Planungs- und Kontrollprozesse sowie die funktionsübergreifende Koordination (Abstimmung) dieser Prozesse."[8]

Reichmann versteht Controlling als „die zielbezogene Unterstützung von Führungsaufgaben, die der systemgestützten Informationsbeschaffung und Informationsverarbeitung zur Planerstellung, Koordination und Kontrolle dient; es ist eine Rechnungswesen- und vorsystemgestützte Systematik zur Verbesserung der Entscheidungsqualität auf allen Führungsstufen der Unternehmung."[9]

Allen Definitionen ist gemein, dass sie Controlling eine Informations-, Planungs-, Kontroll- und Koordinationsfunktion zusprechen, die die unternehmerische Führung in ihren Aufgaben funktionsübergreifend unterstützen soll. Dabei muss das Controlling in seiner Funktionsausübung ergebniszielorientiert vorgehen, um den unternehmerischen Erfolg nachhaltig sicherzustellen.

Somit bildet das Controlling einen Teil des Führungssystems des Unternehmens, indem es dieses bei operativen und strategischen Tätigkeiten unterstützt. In den meisten Fällen besitzt der Controller lediglich eine entscheidungsvorbereitende Funktion, wobei eine „immer stärkere Entscheidungsbeteiligung des Controllers beobachtet wird"[10].

2.1.2 Controlling als Führungsunterstützungsfunktion

Um die Unternehmensführung zu unterstützen, ist im ersten Schritt ein funktionierendes Controlling-System aufzubauen. Dieses besteht im Wesentlichen aus den vier zuvor genannten Funktionen, die auf Grund ihres hohen Stellenwertes in dem Controlling-System noch etwas näher ausgeführt werden müssen.

Beginnend bei der Informationsfunktion ist es von immenser Wichtigkeit, alle erforderlichen, im Sinne von relevanten, Informationen für die Planungsinstrumente bereit zu stellen, um darauf aufbauend die von der Unternehmensführung respektive des Controllings festgelegten Ziele erfolgskritisch verfolgen zu können. Die Informationsquelle ist im Regelfall

---

[7] Horváth (2009), S. 125
[8] Ziegenbein (2007), S. 25
[9] Reichmann (2011), S. 12
[10] Horváth (2009), S. 61f.

das Rechnungswesen als auch das gesamte Informationsversorgungssystem (IV-System) der Organisation. Beispielhaft seien hier die Plankosten und -erlöse genannt, auf deren Basis das Absatzprogramm kalkuliert wird. Aber auch externe Informationsquellen, wie sie beispielsweise für die Ermittlung der Zielkosten[11] notwendig sind, müssen oftmals berücksichtigt werden. Im Regelfall sieht man sich einer Datenflut gegenüber, aus der erst die Nutzen stiftenden Informationen gefiltert werden müssen. Denn oftmals enthalten die angeforderten Daten nicht die Informationen, die für den Empfänger zweckdienlich sind. Erst wenn Informationen in einen Sinnzusammenhang gebracht werden, die neues Wissen in Form von Erkenntnissen generieren, können sie dem angestrebten Ziel dienlich sein. In dem Fall spricht man von *zweckorientiertem Wissen*.[12]

Bei der Planung spricht man von einem „systematischen, zukunftsbezogenem Durchdenken und Festlegen von Zielen, Maßnahmen, Mitteln und Wegen der künftigen Zielerreichung."[13] Der Planungsprozess stellt demnach eine Art Konzept dar und bildet sozusagen den „Fahrplan", mit dessen Hilfe das eigentliche Ziel erreicht werden soll. Wesentliche Planungsinstrumente des strategischen Controllings sind dabei die Balanced Scorecard, die Stärken-Schwächen-Analyse oder die Portfolio-Analyse. Auf operativer Basis kämen u. a. die Deckungsbeitragsrechnung, die Cashflow-Planung oder die Engpass-Analyse in Betracht. Dies sind nur Auszüge aus dem vielfältigen Instrumentarium, auf das das Controlling zurückgreifen kann.

Die Kontrollfunktion ist für die Ermittlung von Abweichungen im Sinne eines Soll-Ist-Vergleiches gedacht und formt mit der Planungsfunktion das Planungs- und Kontrollsystem (PuK). Weicht die laufende Planung von der Soll-Planung ab, so sind mittels der Kontrollfunktion die Ursachen zu identifizieren und die Abweichungen zu beheben. Sie ist somit wesentlicher Bestandteil der erfolgreichen Umsetzung der Planung und kann als Pendant zu ihr gesehen werden.

Das IV-System bildet die Grundlage für das PuK-System und speist dieses mit Informationen. In diesem Kontext hat das Controlling oftmals die Befugnis im Rahmen seiner Gestaltungsfunktion die einzelnen Führungsteilsysteme zu bilden, miteinander zu verknüpfen und in das Gesamtsystem zu integrieren.[14]

---

[11] siehe hierzu z. B. das Target Costing
[12] Vgl. Gladen (2011), S. 2
[13] Barth/Barth (2008), S. 75
[14] Vgl. Zenz. In: Dyckhoff/Ahn (1998), S. 46f.

Schließlich übernimmt die Koordinationsfunktion die Aufgabe, sämtliche Prozesse reibungslos, zielkongruent und erfolgsorientiert zu steuern. Das schließt insbesondere die
Abstimmung des Informationssystems mit dem Planungs- und Kontrollsystem mit ein.
Horváth unterscheidet hier zwischen systembildender und systemkoppelnder Koordination,
wobei ersteres die Koordination als „die Bildung aufeinander abgestimmter formaler Sys-
teme" meint und letzteres die „Abstimmungsprozesse in einem gegebenen Systemgefü-
ge".[15] Systembildung ist also die Entwicklung eines PuK- sowie IV-Systems, Systemkopp-
lung hingegen das laufende Zusammenwirken der aufgestellten Teilsysteme und deren
Betreuung durch den Controller (z. B. müssen bei der Entstehung von Systemstörungen
Maßnahmen zur Behebung ergriffen werden).

Darüber hinaus, als Bestandteil des Führungssystems, müssen auch die Anreizsysteme der
Mitarbeiter und des Managements auf die Ziele abgestimmt werden, damit die Identifikation mit den betrieblichen Zielen gewährleistet ist (siehe hierzu auch die Principal Agent-
Theorie). Außerdem müssen die Interdependenzen zwischen angrenzenden Entscheidungs-
bereichen minimiert und das opportunistische Verhalten auf allen Unternehmensebenen
dezimiert werden.

Das Controlling, im Sinne des Controllerships, in seiner institutionalisierten Form ist daher
die Zusammenfassung aller Controlling-Aufgaben in einer Organisation und als Subsystem
des Führungssystems zu verstehen, wohingegen der Controller die erforderlichen Methoden, Instrumente und Informationen in geeigneten Systemen zur Verfügung stellt.[16]

2.1.3 Ziele und Messgrößen des wertorientierten Controllings

2.1.3.1 Zielbildung und wertorientierte Steuerungsgrößen

Die theoretische Fundierung der Wertorientierung in Unternehmen lässt sich auf Alfred
Rappaport zurückführen, der 1986 den Shareholder-Value-Ansatz entwickelte.[17] Dieser
besagt, dass alle Aktivitäten des Unternehmens an dem Ziel beziehungsweise Interesse der
Eigenkapitalgeber (Shareholder) auszurichten sind, was sich im Allgemeinen auf Rendite-
ansprüche in Form von Dividenden reduzieren lässt. Demnach soll der Wertschaffungspro-
zess zu Gunsten der Profitabilität im Unternehmen kontinuierlich gesteigert werden, was
schließlich zu einer Maximierung des Shareholder Value führt.

---

[15] Horváth (2009), S. 102
[16] Vgl. Horváth (2009), S. 123ff.
[17] Vgl. Rappaport (1998)

Coenenberg/Salfeld stellen fest, dass „Wertorientierung als primäres Leitziel fest etabliert ist und wertorientierte Parameter ein regelmäßiger Bestandteil des Controllings sind."[18] Dieser Gedanke wird auch von anderen Autoren unterstützt, die „auf die zahlreichen wertorientierten Spitzenkennzahlen" in Kennzahlensystemen hinweisen, wobei eine wesentliche Aufgabe des Controllings darin besteht, einzelne Werttreiber ausfindig zu machen.[19] Eine wertorientierte Strategiekonzeption lässt sich darüber hinaus auch in der Praxis bei führenden Konzernen wiederfinden, wie z. B. bei der Deutschen Lufthansa AG[20] oder im Bayer Konzern[21].

Die Ergebniszielorientierung des Controllings unter Berücksichtigung des Wirtschaftlichkeitsprinzips, was u. a. die Gestaltung und operative Aufrechterhaltung von Systemen zur Unterstützung der Ziele beinhaltet, ist ein wichtiger Bestandteil der Controlling-Aufgabe.[22] Da das Ergebnisziel die wertmäßige Fortführung und nach Möglichkeit die Steigerung des Unternehmenswertes beinhaltet, kommt dem Controlling eine strategische Aufgabe zu. Damit verbunden obliegt dem Controlling eine Gestaltungsfunktion, nämlich die des Aufbaus und der Einführung eines wertorientierten Kennzahlensystems, das mit zeitlichem Bezug den Erfolg der Strategieumsetzung sichtbar macht. Wichtig hierbei ist, dass nicht nur Kennzahlen an die Führungsebene weitergegeben werden, die oftmals vergangenheitsorientiert sind, sondern auch steuerungsrelevante Informationen, mit deren Hilfe „antizipativ und zielführend"[23] auf die präsente und zukünftige Unternehmenssituation reagiert werden kann.

Der Strategiebezug des Controllings resultiert unter anderem auch aus den mittel- bis langfristig ausgerichteten Einzelmaßnahmen in den verschiedenen Unternehmensbereichen, die eigenständig sowie interdisziplinär geplant, gesteuert und kontrolliert werden müssen. Dabei sind die einzelnen Werttreiber in einem Unternehmensbereich erst zu identifizieren, bevor darauf aufbauend eine konkrete Strategie entwickelt werden kann. Es wird ersichtlich, dass das wertorientierte Controlling operativ eine Doppelfunktion ausübt, nämlich die der wertorientierten Planung und Kontrolle.[24] Erstere stellt die Planung der Wertsteigerungsziele mitsamt der Maßnahmenplanung dar, wohingegen die wertorientierte Maßnahmenkontrolle die festgelegten Ziele und Strategien auf bestehende Gültigkeit prüft (Prämissenkontrolle) und den laufenden Fortschritt erfolgskritisch misst (Durchführungskon-

---

[18] Coenenberg/Salfeld (2007), S. 3
[19] Vgl. Wall/Schröder. In: Wall/Schröder (2009), S. 11
[20] Vgl. Kley. In: Horváth (2000), S. 1ff.
[21] Vgl. Hermann. In: Horváth (2000), S. 61ff.
[22] Vgl. Horváth (2009), S. 118ff.
[23] Coenenberg/Salfeld (2007), S. 251
[24] Vgl. Coenenberg/Salfeld (2007), S. 252

trolle). Im Rahmen der abschließenden strategischen Kontrolle wird der Erfolg aller Einzelmaßnahmen für den betreffenden Unternehmensbereich mittels ausgewählter Kennzahlen ermittelt.[25] Der Erfolg einer Maßnahme für das gesamte Unternehmen lässt sich mit Kennzahlen wie dem EVA oder Cashflow-basierten Verfahren ermitteln, wobei anzumerken ist, dass viele Investitionen erst auf langfristiger Basis ihre volle Wirkung entfalten.

Das wertorientierte Controlling stellt somit die Weichen für den Unternehmenserfolg auf allen Hierarchieebenen, angefangen beim operativen Tagesgeschäft, bis hin zur strategischen Ausrichtung des gesamten Unternehmens. Dabei ist vor allem die Zielformulierung eine maßgebliche Aufgabe des Controllings, die entscheidend für die spätere Planung beziehungsweise Umsetzung der Unternehmensstrategie ist. Die 1. Abbildung demonstriert den Zielformulierungsprozess des Controllings aus funktionaler Sicht.

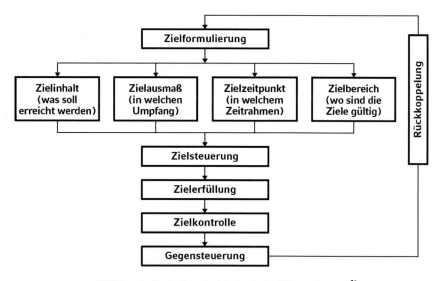

Abbildung 1: Controlling als zielorientiertes Führungskonzept[26]

Die Globalziele des Unternehmens werden im Regelfall vom Top-Management vorgegeben, wobei das Controlling in seiner entscheidungsunterstützenden Tätigkeit durchaus ein Mitspracherecht ausübt, besonders hinsichtlich der Fragestellung, welche Ziele überhaupt erreichbar sind. Als Globalziel des Unternehmens steht oftmals der Gewinn (monetäres Erfolgsziel) an erster Stelle. Lautet z. B. die Zielvorgabe: Erhöhe den Gewinn um 3% ge-

---

[25] Erfolgs-, kosten- und marktorientierte Kennzahlen werden in Kapitel 4 erläutert
[26] Vgl. Preißler (2007), S. 28

genüber dem Vorjahr, so ist es Aufgabe des Controllings dieses Globalziel auf einzelne Teilziele für Unternehmensbereiche zu reduzieren. Dabei eignen sich Formalziele für das wertorientierte Controlling als Zielvorgabe am besten. Ein solches Ziel könnte lauten: Steigere den Umsatz im Vertriebsbereich X innerhalb eines Quartals um 5% gegenüber dem Vorquartal. Interessanterweise bestehen Interdependenzen zwischen Formal- und Sachzielen; es liegt eine sogenannte Dualität vor.[27] Dies bedeutet, dass bei der Umsetzung eines Formalziels ein zugehöriges Sachziel mit erfüllt wird und umgekehrt. Das korrespondierende Sachziel aus dem obig formulierten Formalziel könnte bereichsbezogen wie folgt lauten: Erhöhe die Anzahl eingesetzter Außendienstmitarbeiter in der Region X um 5% für eine bessere Kundenakquise. Tendenziell sollten Bereichsziele nach Möglichkeit weiter herunter gebrochen werden, damit sich schneller Erfolge einstellen und diese dafür sorgen, dass Mitarbeiter motiviert werden und auch bleiben.

Inhaltlich muss bei der Steuerung der Ziele immer der Realisationsfortschritt nachgehalten werden, außerdem das Erreichen einzelner Zwischenetappen, damit schon während des Zielerfüllungsprozesses interveniert werden kann, wenn abzusehen ist, dass das angestrebte Soll-Ziel auf bestehendem Wege nicht zu erreichen ist. Wurde das Ziel hingegen erreicht, so ist die Zielkontrolle, ergo die Ermittlung des Zielerreichungsgrades, als abschließende Erfolgsbeurteilung ein wesentlicher Bestandteil der Controlling-Aufgabe. Hier gilt es zu identifizieren, ob das Ziel wie vorgegeben umgesetzt wurde und bei etwaigen Abweichungen, im Rahmen einer Analyse (Vgl. Kontrollfunktion), die Ursache festzustellen und zu dokumentieren.

Anzumerken sei noch, dass die Teilziele zwingend kongruent zu den Unternehmenszielen sein müssen, deren Erfüllung also zur Erreichung der Globalziele beitragen. Auch wenn einzelne Ziele zueinander nicht immer komplementär, sondern durchaus konkurrierend sein können, so sind sie doch immer am Unternehmensziel auszurichten. Geeignete Kennzahlen, die die Zielerreichung repräsentativ und konsistent widerspiegeln, sind Voraussetzung für die Bewertung und als Instrument vom Controlling zur Verfügung zu stellen.

Wie anfangs erläutert, steigt die Komplexität der Unternehmensumwelt zusehends. Um dieser erfolgreich zu begegnen, nimmt das Controlling eine elementare Stellung in erfolgsorientierten Unternehmen ein. Ein praktisches Beispiel unzureichender Controlling-Aktivitäten in Unternehmen veranschaulicht eine Untersuchung der Euler Hermes Kreditversicherung in Kooperation mit dem Zentrum für Insolvenz und Sanierung (ZIS) an der Universität Mannheim, in der 124 Insolvenzverwalter zu rund 19.000 Unternehmensinsol-

---

[27] Vgl. Horváth (2009), S. 120

venzen befragt wurden. So stellte sich heraus, dass, neben anderen Faktoren, 79 % der Insolvenzverwalter Managementfehler in Folge eines „fehlenden Controllings" für eine häufige Insolvenzursache halten.[28]

In Anbetracht der hohen Insolvenzrate in Deutschland (30.294 Unternehmen im Jahr 2011)[29] ist es bemerkenswert, wie viele Unternehmen womöglich durch ein effektiv und effizient eingesetztes Controlling hätten gerettet werden können. Dieses Beispiel verdeutlicht die hohe Relevanz des Controllings für den wirtschaftlichen Erfolg des Unternehmens.

2.1.3.2 Methoden der Unternehmensbewertung

Seit jeher ist der Unternehmenswert Gegenstand regen Interesses, ob nun für das Management, für Anteilseigner oder potenzielle Käufer. Es gibt eine Vielzahl von Anlässen, bei denen eine Unternehmensbewertung in Betracht kommt, so z. B. bei Mergers & Acquisitions (M&A)[30], auf Grund einer familiären Vermögensteilung (Ehescheidung)[31] oder infolge einer kontinuierlich fortgesetzten, wertorientierten Unternehmensführung im Sinne eines laufenden Soll-Ist-Vergleiches der zeitlich bedingten Wertänderung. Da die Wertermittlung immaterieller Vermögensgegenstände (iVG) oftmals mit einer Bewertung des Unternehmens korreliert, beziehungsweise der Unternehmenswert die Basis für die Ableitung des wertmäßigen Anteils immateriellen Vermögens bildet, sollen nachfolgend die drei wesentlichen Ansätze der Unternehmenswertbestimmung erläutert werden.

Die originärste Methode stellt das (kostenbasierte) Substanzwertverfahren (Cost Approach) dar. Der Wert des Unternehmens bestimmt sich aus der Differenz vorhandener Aktiva abzüglich der Rückstellungen und Verbindlichkeiten.[32] Dabei kann die Wertermittlung auf Basis des Reproduktionswertes oder Liquidationswertes erfolgen:

Reproduktionswert: „Kosten die entstehen, wenn der gleiche Betrieb am selben Standort vollständig funktionsfähig neu errichtet werden würde (auf Basis von Wiederbeschaffungswerten)."[33]

---

[28] Vgl. Euler Hermes Kreditversicherung: Ursachen von Insolvenzen (2006), S. 7
[29] Vgl. Bürgel: Unternehmensinsolvenzen in Deutschland bis 2011
[30] Vgl. Hering (2006), S. 15
[31] Vgl. ebd.
[32] Vgl. Beck (2003), S. 11
[33] Beck (2003), S. 11

Liquidationswert: Differenz aus den erwarteten Erlösen bei der Veräußerung aller Vermögensgegenstände abzüglich der entstehenden Kosten der Veräußerung und des Fremdkapitals (Verbindlichkeiten und Rückstellungen).[34]

Der Reproduktionswert wird unter der Prämisse der Unternehmensfortführung gebildet, wohingegen der Liquidationswert herangezogen wird, wenn man beabsichtigt das Unternehmen zu veräußern.[35]

Ein gewichtiger Nachteil des Reproduktionswertes ist seine Vernachlässigung von bestehenden Kombinationseffekten (auch Synergieffekte), so zum Beispiel zwischen Unternehmensbereichen. Des Weiteren wird die Bewertung von nicht bilanzierten immateriellen Vermögensgegenständen ausgeschlossen, da sie erstens nicht in der Bilanz verbucht sind und zweitens die Problematik besteht, einen geeigneten Marktwert auf Grund der hohen Individualität und des nicht-physischen Charakters des Vermögensgegenstandes zu bestimmen (z. B. das unternehmensintern generierte Wissen). Nur in einigen wenigen Fällen, beispielsweise bei Patenten, kann eine Wertermittlung vorgenommen werden. Denkbar ist es hingegen den Wert immateriellen Vermögens grob zu schätzen, wodurch allerdings die Aussagekraft beträchtlich in Mitleidenschaft gezogen wird.[36] Darüber hinaus, wie auch beim Liquidationswert, ist der Reproduktionswert stets vergangenheitsorientiert und prognostiziert keine zu erwartenden zukünftigen Erträge aus dem Unternehmensfortbestand.

Die aus der Investitionsrechnung stammenden Kapitalwertverfahren als Vertreter der erfolgsorientierten Methoden (Income Approach) begegnen diesen Problemen, indem sie den zukünftigen Erfolg des Bewertungsobjektes (zum Beispiel dem Unternehmen oder einer Investition) auf Basis von Planwerten prognostizieren und diese periodisch korrekt mit einem Diskontierungszinssatz (oftmals ein unternehmensspezifischer Kapitalkostensatz) auf den heutigen Zeitpunkt abzinsen.[37] Der so rechnerisch ermittelte Betrag wird als Barwert bezeichnet. Zu unterscheiden sind die Ertragswertmethoden und jene, die auf dem Discounted Cashflow-Prinzip (DCF) basieren. Erstere spiegeln den periodischen Nettoerfolgen aus der Differenz von Erträgen zu Aufwendungen wider und stellen daher eine Gewinngröße dar. Zahlungsstromorientierte Verfahren, die auf dem DCF basieren, stellen hingegen die Einzahlungen ihren Auszahlungen gegenüber und ermitteln den periodischen Zahlungsüberschuss. Beide Gesamtbewertungsverfahren haben den Vorteil, dass sie den

---

[34] Vgl. Beck (2003), S. 12f.
[35] Vgl. Mensch (2002), S. 258f.
[36] Vgl. Brüser (2007), S. 82f.
[37] Vgl. Weber/Schäffer (2011), S. 177; Beck (2003), S. 13ff.; Lohr (2001), S. 35f.

künftig erwarteten Erfolg des Unternehmens mit einbeziehen sowie Wachstumsraten und Verbundeffekte implizit verwenden können. Auch bleibt das Interesse der Investoren bezüglich des Geldzeitwertes und einer risikoadäquaten Mindestverzinsung (Opportunitätskosten) gewahrt.[38]

Generell sind Ertragswertverfahren anfälliger für Ungenauigkeiten, da die Planung auf Basis bilanzieller Ergebnisgrößen (Gewinn- und Verlustrechnung) erfolgt. Die bestehenden Wahlrechte, z. B. bei der Bildung von Pensionsrückstellungen oder Wertberichtigungen auf Forderungen[39], verzerren das Bild einer möglichst genauen Beurteilung künftiger Erträge. Weiterhin werden auch keine getätigten Investitionen berücksichtigt, da diese keinen Aufwand darstellen und bilanziell lediglich einen Aktivtausch (unter der Prämisse der Buchung „Maschine" an „Bank") verursachen. Beiden Methoden ist die hohe Unsicherheit der Voraussage zukünftiger Nettobeträge anzulasten, was mit zunehmender Länge des Planungshorizontes auf der Hand ist.

Die Wertermittlung bei marktorientierten Verfahren (Market Approach) baut hingegen auf „aktuellen Börsenkursen oder anderen realisierten Marktpreisen auf"[40]. Bei börsennotierten Unternehmen erfolgt die Ermittlung des Unternehmenswertes anhand des Marktwertes des Eigen- und Fremdkapitals (Stock and Debt-Methode). Der Marktwert wird allerdings aus Durchschnittskursen bestimmt, da sonst auf Grund von Kursspekulationen am Bewertungsstichtag die Aussagekraft starken Schwankungen unterliegen würde. Nicht börsennotierte Unternehmen werden anhand von Referenzunternehmen mit Hilfe von Multiplikatormethoden bewertet. Dabei sollten die Unternehmen möglichst aus derselben Branche stammen und vergleichbare Betriebsgrößen und Charakteristika aufweisen. Die Marktwerte der Vergleichsunternehmen werden ins Verhältnis zu Performance-Indikatoren, wie Gewinn oder Cashflow, gesetzt und der errechnete Quotient mit dem Performance-Indikator des zu bewertenden Unternehmens multipliziert.[41] Multiplikatormethoden können auch auf Basis von branchenspezifischen Erfahrungssätzen durchgeführt werden. Das können z. B. „in der Vergangenheit realisierte Marktpreise für Unternehmenskäufe"[42] sein. Hier erfolgt die Berechnung mittels Multiplikation des in der Branche relevanten Multiplikators mit einer ausgewählten Kenngröße des Unternehmens.[43] Ein Nachteil der marktba-

---

[38] Zahlungsströme erfüllen dieses Kriterium besser als Ertragswerte, ganz dem Ausdruck „Cash is King"
[39] Vgl. Beck (2003), S. 14
[40] Freidank (2007), S. 1410ff.
[41] Vgl. ebd., S. 1411
[42] Zinsch (2008), S. 58
[43] Vgl. Zinsch (2008), S. 58

sierten Gesamtbewertungsmethoden ist auch hier die Orientierung an Vergangenheitswerten. Zudem sind die Prämissen der Bewertungsprinzipien sehr pauschal, die Berechnungen dafür einfach und schnell durchzuführen.

Daneben gibt es noch Kombinationen verschiedener Methoden wie das Mittelwert-, Übergewinn- oder Stuttgarter Verfahren.[44] Da hier lediglich eine grobe Übersicht der verschiedenen Bewertungsansätze gegeben werden soll, denen auch hinsichtlich der Rechnungslegungsvorschriften (siehe Kapitel 2.2.4) hohe Relevanz zukommt, bedürfen sie hier keiner weiteren Erläuterung.

2.2 Intangible Assets

2.2.1 Definitionen und begriffliche Abgrenzung

Intangible Assets (IA) respektive immaterielle Vermögensgegenstände gewannen in den letzten Jahren immer mehr an Bedeutung und nehmen mittlerweile eine zentrale Stellung im Unternehmen ein. So betrug die Bilanzsumme von Coca-Cola im Jahr 2011 rund 80 Milliarden US-Dollar[45], der Marktwert hingegen lag bei 154 Milliarden US-Dollar[46]. Gründe für diese drastischen Markt-Buchwert-Differenzen liegen in den nicht bilanzierten, organisationsspezifischen immateriellen Ressourcen verborgen. Im Beispiel Coca-Cola ist der Wertunterschied auf die Marke selbst zurück zu führen, die im Ranking der 100 wertvollsten Marken weltweit von *Interbrand*[47] im Jahr 2011 einen Wert von rund 72 Milliarden US-Dollar besaß.[48] Im fünften Kapitel dieser Arbeit werden beispielhaft noch weitere Intangible Assets herausgestellt und untersucht, die wesentlich zum Unternehmenswert beitragen.

Um ein genaueres Verständnis über diese Ressource zu erhalten, sollte sie zunächst definiert werden. In der Theorie sowie in der Praxis herrscht allerdings kein einstimmiger Gebrauch des Begriffes Intangible Assets, denn auch weitere synonyme Bezeichnungen wie immaterielles Kapital, Intellectual Property, intangible Werte und andere finden weiträumig ihre Verwendung.

---

[44] Vgl. Brüser (2007), S. 83ff.
[45] Vgl. Finanzen.net. Marktdaten zu Coca-Cola (2011)
[46] Vgl. Financial Times: Top Unternehmen der Welt nach Marktwert (2011)
[47] Interbrand ist ein international operierendes Unternehmen mit Spezialisierung in der Markenbewertung und -führung
[48] Vgl. Interbrand – Ranking of the Top 100 Brands (2011)

Nach der Definition von *J. Bischof* sind immaterielle Vermögensgegenstände „nicht-physische und auch nicht-monetäre Güter mit dem Potenzial einer zukünftigen wirtschaftlichen Nutzung"[49]. Diese Definition ist nahezu deckungsgleich mit der von *R. Brockington*: „Intangible Assets are a resource controlled by the enterprise as a result of past events and from which future economic benefits are expected to flow. Intangible assets are [...] also non-physical in nature."[50] Er nennt Goodwill als konkretes Beispiel hierfür und zeigt auf, dass nicht alle Cashflows, die aus dem Wirtschaften heraus generiert werden, einem oder einer Gruppe von Aktivposten zugerechnet werden können und sagt: „Those that could not be allocated were explainable by the existence of goodwill which [...] derives from the synergy that is achieved when a particular business's assets are operated together by a particular management in a particular situation."[51] Um die Definition ansatzweise zu komplettieren, gilt es noch folgende Ergänzung zu berücksichtigen: „Intangible Assets sind alle Vermögenswerte, die nicht in materiellem Besitz oder in Beteiligung beziehungsweise Finanzanlagen bestehen, jedoch für das Unternehmen von Wert sind."[52]

Die iVG eines Unternehmens stellen demnach bedeutende Werttreiber dar und besitzen die Fähigkeit, Wettbewerbsvorteile nachhaltig zu generieren. Den zentralen Ausgangspunkt dafür bildet das Wissen als Erfolgsgröße, die eine Differenzierung zu anderen Unternehmen ermöglicht.[53] In Unterkapitel 2.1.2 wurden schon Informationen als zweckorientiertes Wissen bezeichnet, wenn diese vom Empfänger in einen sachlogischen Zusammenhang gebracht werden, das neues Wissen generiert. Die Ausprägung des Wissens kann dabei implizit oder explizit sein. Implizites Wissen stellt dabei „das persönliche Wissen eines Individuums dar", während explizites Wissen „methodisch, systematisch und in artikulierter Form" vorliegt.[54] Aufgabe des Wissensmanagements in Unternehmen ist es daher, dieses implizite Wissen explizit zu erfassen und zu dokumentieren, sodass es für jeden zugänglich gemacht werden kann und die gesamte Organisation davon profitiert. Man spricht dann von *kodifiziertem* Wissen, welches in vielen Unternehmen eine Kernkompetenz darstellt (z. B. in der Dienstleistungsbranche, wo Problemlösungsansätze für Kunden aus dem Innovationsprozess heraus entstehen, die wiederum auf der Ressource Wissen fundieren).

---

[49] Bischof. In: Bischof/Fredersdorf (2008), S. 16
[50] Brockington (1996), S. 173
[51] Ebd., S. 119
[52] Daum (2002), S. 32
[53] Siehe dazu u. a. das Kapitel 3.1 zur Balanced Scorecard
[54] North (2011), S. 47

Abzugrenzen davon ist das intellektuelle Kapital, welches als „jene nicht finanziellen und nicht physischen Ressourcen zu definieren ist, die in und von einem Unternehmen benutzt werden und die in Gewinn und Wert für das Unternehmen umgesetzt werden können"[55]. Die Definition erinnert sehr an die der Intangible Assets, doch gibt es einen wesentlichen Unterschied. Obwohl beide eine imaginäre, nicht greifbare Eigenschaft innehaben, so ist das Intellektuelle Kapital nicht als Äquivalent der Intangible Assets zu sehen. Beispielsweise stellt die Reputation des Unternehmens einen immateriellen Vermögensgegenstand dar, allerdings kein intellektuelles Kapital, wobei dieses u. U. zur Imagebildung beigetragen hat.[56]

2.2.2 Besonderheiten und Bedeutung

Immaterielle Vermögensgegenstände sind an einige immanente Besonderheiten geknüpft, die so bei materiellen VG nur bedingt oder gar nicht vorkommen. In der folgenden Grafik sind die markantesten Unterschiede hervorgehoben.

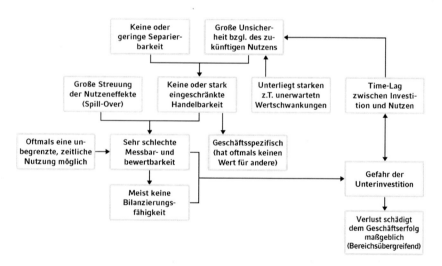

Abbildung 2: Eigenschaften und Besonderheiten von Intangible Assets[57]

[55] Vgl. Müller. In: Hinterhuber et al. (2006), S. 9
[56] Vgl. ebd.
[57] Eigene Darstellung in Ahnlehnung an Bischof (2008), S. 22; Brockington (1997), S. 13

Eines der maßgeblichsten Probleme stellt die Messbarkeit und Bewertbarkeit immateriellen Vermögens dar. Der zuständige Unternehmensbereich, in der Regel das Controlling, hat kaum Ansatzpunkte für eine adäquate Messung und Bewertung immaterieller Vermögensgegenstände und kann daher oftmals nur vage Vermutungen in Bezug auf den künftigen, wirtschaftlichen Nutzens anstellen. In einigen wenigen Fällen, z. B. bei dem Erwerb eines Patentes, kann auf die Anschaffungskosten zurückgegriffen werden, die wiederum als Basis für die laufende Bewertung fungieren.[58] Wird allerdings der Nutzen aus einem iVG nicht klar erkennbar, so führt dies in aller Regel zu einer Unterinvestition, gerade im Hinblick auf das Management, das an die Umsetzung kurzfristiger Erfolgsziele gebunden ist und dadurch unter Umständen die langfristige Entwicklung einzelner Vermögensgegenstände respektive Unternehmensbereiche vernachlässigt.

An dieser Stelle soll der ressourcenorientierte Ansatz (resource-based view) für die strategische Unternehmensführung erläutert werden, da dieser gerade auch für die Allokation und Ausschöpfung immaterieller Ressourcen von Interesse ist. Der auf *Penrose*[59] zurückzuführende Ansatz hat bis heute seine Aktualität nicht eingebüßt und ist immer noch Gegenstand reger Diskussionen, wie unzählige literarische Werke und Dissertationen der Neuzeit beweisen.[60] Dabei stellt das Unternehmen ein System von Ressourcen dar, die in Synergie mit eigenen Kernkompetenzen den langfristigen Wettbewerbsvorteil beeinflussen, wobei die Qualität von ihrem Ausbau und der Weiterentwicklung bestimmt ist.[61] Merkmale solcher Ressourcen sind die Heterogenität sowie die begrenzte Übertragbarkeit auf andere Unternehmen. Dabei haben sie einen hohen Wert, sind selten und schwer zu imitieren.[62] Ein Dienstleister der Problemlösungen auf dem Gebiet der Steuerungstechnik anbietet, zählt zu seinen Kernkompetenzen das Know-how, welches in seinen Mitarbeitern und Patenten manifestiert ist, sowie bestehende Netzwerke zu Kooperationspartnern, die den Wertschöpfungsprozess durch Bereitstellung von Wissen und gegebenenfalls Kapital aktiv fördern. Diese Fähigkeiten, auf den eben genannten Ressourcen aufbauend, basieren unumstritten auf intangiblen Assets. Die Kompetenz des Dienstleisters, mit seinen verfügbaren Ressourcen den bestmöglichen Lösungsansatz für das bestehende Problem seines Kun-

---

[58] Hinweis: Das Patent ist ein gewerbliches Schutzrecht, i. d. R. für eine Innovation. Es schützt somit das errungene und angewandte Wissen im betriebsinternen Innovationsprozess. Das Produkt, welches durch das (patentierte) Wissen erzeugt wurde, zählt nicht als iVG, denn der Wert und der Nutzen der produzierten physischen Ware ist in aller Regel genau prognostizierbar und der Gegenstand zu Herstellkosten in der Bilanz zu aktivieren. Hinter dem Patent steckt also das Wissen als geistiges Eigentum, das in dem Fall als iVG zählt.
[59] Vgl. Penrose (1959)
[60] Vgl. Bea/Haas (2005), S. 28ff.; Collis/Montgomery (2005); Dunning/Lundan (2008), S. 120f.
[61] Vgl. Reich/Meder. In: Müller/Diensberg (2011), S. 138ff.; Bea/Haas (2005), S. 28ff.
[62] Vgl. Teng-Kee/Xiaofang (2008), S. 319f.

den zu liefern, damit also den Kundennutzen[63] zu maximieren, und sich simultan über die Leistung von der Konkurrenz zu differenzieren, ermöglicht die Entwicklung bestehender und nachhaltiger Wettbewerbsvorteile. Diese Schlussfolgerung zugrunde gelegt ist demnach der empirisch fundierte resource-based view auch in der Praxis für die Steuerung und den Aufbau immateriellen Kapitals von Interesse.

Eine besondere Bedeutung kommt den Intangible Assets auch im Kontext der unternehmerischen Nachhaltigkeit zu. Der Gedanke, dass Unternehmen als selbstständige (nicht im Sinne von unabhängig) Wirtschaftseinheiten ausschließlich die eigenen Interessen vertreten und sich lediglich als egozentrische Akteure in einer turbulenten Marktwirtschaft sehen, ist lange überholt. Der Wandel hin zu einer umfassenden Ausrichtung der Bedürfnisbefriedigung aller Marktteilnehmer - wobei es nicht nur jene betrifft, die im unmittelbaren Kontakt zum Unternehmen stehen - konnte in den letzten Jahrzehnten deutlich nachvollzogen werden.[64] So baut ein gesundes Bewusstsein für ökologisches und soziales Engagement als grundlegender Faktor das Image auf. Das Image als iVG trägt immens zum Erfolgspotenzial des Unternehmens bei und besitzt auf Grund dessen einen hohen Stellenwert für die Geschäftsführung. Handeln im Sinne unternehmerischer Nachhaltigkeit kann also dazu führen, immaterielle Werte zu generieren. Dieser Gedankengang führt zu der Erkenntnis, dass „unternehmerische Verantwortung darüber hinausgeht, Shareholder mit Renditen, Regierungen mit Steuern, Mitarbeiter mit Löhnen und Konsumenten mit Produkten und Dienstleistungen zu versorgen"[65]. Der noch rudimentäre Grundsatz wurde bereits 1972 bei dem Umweltgipfel in Stockholm aufgegriffen[66] und schließlich 1992 während des Weltgipfels in Rio de Janeiro konkretisiert[67], wobei die Agenda 21 mit dem übergeordneten Ziel verabschiedet wurde, eine nachhaltige Entwicklung in den Bereichen Ökonomie, Soziales und Ökologie zu gewährleisten. Dabei definierte die Brundtland Commission beziehungsweise die WCED (World Commission on Environment and Development) nachhaltige Entwicklung als „development that meets the needs of the present without compromising the ability of future generations to meet their own needs"[68].
Inwiefern nun Nachhaltigkeit Einfluss auf den Unternehmenserfolg nehmen kann, soll in Abbildung 3 verdeutlicht werden. Der Begriff Corporate Social Responsibility (CSR) wur-

---

[63] Grad der Bedürfnisbefriedigung
[64] z. B. durch den Stakeholder-Approach. Vgl. Bea/Haas (2005), S. 105ff.
[65] Prexl (2010), S. 18
[66] Vgl. Agenda 21
[67] Vgl. Lexikon der Nachhaltigkeit
[68] WCED: The Concept of Sustainable Development, Nr. 1

de von der Kommission der europäischen Gemeinschaften in ihrem Grünbuch *Europäische Rahmenbedingungen für die soziale Verantwortung der Unternehmen* im Jahr 2001 als Konzept definiert, „das den Unternehmen als Grundlage dient, auf freiwilliger Basis soziale Belange und Umweltbelange in ihre Unternehmenstätigkeit und in die Wechselbeziehungen mit den Stakeholdern zu integrieren"[69]. CSR kann daher als ein Bestandteil des unternehmerischen Nachhaltigkeitskonzepts verstanden werden und gleichwohl als Element wirtschaftlichen Erfolges.

Mögliche Erfolgswirkungen von CSR

| vorökonomische Wirkungen | ökonomische Wirkungen |

vorökonomische Wirkungen

- Reputationsaufbau und -sicherung mit positiven Wirkungen auf
  - Kundenakquisition und -bindung
  - Mitarbeitergewinnung, -motivation, -zufriedenheit und -bindung
  - Good-Will und Licenceto (co-)operate durch Staat und NGOs
- Risikoabbau

ökonomische Wirkungen

- Verbesserung des Aktienkurses bzw. des Unternehmenswerts
- Umsatzsteigerung und/oder -stabilisierung
- Kostensenkung
- Verbesserung des ROI

Abbildung 3: Der Business Case für CSR[70]

CSR führt - neben zusätzlichen Erfolgswirkungen - gemäß der obigen Abbildung unter anderem zur Kundenakquisition und/oder Mitarbeitergewinnung, die beide wiederum als Bausteine immateriellen Vermögens gelten (siehe nächstes Unterkapitel). Langfristige Wertsteigerung, besonders auch im Hinblick auf immaterielle Werte, ist auf Grund des Wertewandels und der hohen Relevanz von sozialen und ökologischen Rahmenbedingungen kaum noch ohne die implizite Verwendung einer nachhaltigkeitsorientierten Strategie zu verwirklichen. Ein Statement von *Tauni Sanchez*, Managing Director der Dow Jones Sustainability Group Indexes GmbH, untermauert die Bedeutung eines effizient geführten Nachhaltigkeitsmanagements: „Sustainability is built on the fact that well-run companies incorporate the economy, the environment and society into their long-term business strategy. The result is increasing long-term shareholder value"[71].

---

[69] Kommission der Europäischen Union: Grünbuch, S. 7
[70] Vgl. Schrader/Hansen (2005), S. 385
[71] Sanchez, S. 33

18

2.2.3 Kategorisierung der Intangible Assets

Es gibt unzählige Ansätze in der Theorie, die versuchen iV zu kategorisieren und eine Systematik in dem „Begriffswirrwarr" zu erschließen. Unabhängig von anderen Modellen soll sich hier im Wesentlichen auf die Arbeit des Arbeitskreises immaterielle Werte im Rechnungswesen der Schmalenbach-Gesellschaft für Betriebswirtschaft e. V. und die des Financial Accounting Standards Board (FASB) konzentriert werden. Schmalenbach nahm 2002 eine Kategorisierung des Intellektuellen Kapitals im Rahmen eines sachgerechten Value Reporting vor und konstituierte folgende Komponenten:

Komponente des Marktwertes	Betreffender Unternehmensbereich	Beispiel
Innovation Capital	F & E	Patente, Software
Human Capital	Personalabteilung	Know-how Management
Customer Capital	Vertrieb, CRM	Kundenstamm, Marktanteil
Supplier Capital	Beschaffung	Beschaffungsverträge
Investor Capital	Finanzen	Kredit-Rating, Investor Relations
Process Capital	Ablauf- und Aufbauorganisation	Vertriebsnetz, Qualitätssicherung
Location Capital	Standort	Infrastruktur

Abbildung 4: Komponenten des Market Value[72]

Die Kategorisierung birgt Ähnlichkeiten mit den von der OECD[73] identifizierten Kapitalkomponenten für den Marktwert.[74]

Das FASB kategorisierte Intangible Assets in Technology-, Customer-, Market-, Workforce-, Contract-, Organization- und Statutory-based Assets.[75] Per Definition sind die meisten Bezeichnungen modellübergreifend deckungsgleich, obwohl die der Statutory-based (gesetzlich bedingte) Assets in der Form in den beiden zuvor genannten Systematisierun-

---

[72] In Anlehnung an den Arbeitskreis Externe Unternehmensrechnung der Schalenbach-Gesellschaft (2002), S. 2339
[73] Organisation for Economic Co-Operation and Development
[74] Vgl. OECD (1999), S. 8
[75] Vgl. Harvard Management Update (2001), S. 6-7

gen nicht vorkommt. Diese bestehen zum Beispiel aus Lizenzen oder Wettbewerbsverboten, womit sie weitestgehend dem Innovations- oder Strukturkapital[76] zuzuordnen sind.

Eine Systematisierung von iVG ist dahingehend von enormer Bedeutung, da relevante immaterielle Ressourcen auf diesem Wege für das entsprechende Unternehmen identifiziert und darauf aufbauend geeignete Instrumentarien entwickelt und bereitgestellt werden können, um die eigenen immateriellen Ressourcen zu steuern.

Nachfolgend sollen kurz die kausalen Zusammenhänge der iVG zueinander erklärt werden.

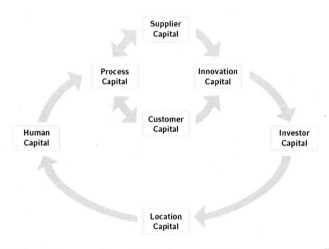

Abbildung 5: Zusammenhänge einzelner immaterieller Vermögensgegenstände[77]

Das Location Capital ist als Standortressource die Bezugsquelle qualifizierten Personals, mit dessen Hilfe die aufbau- und ablauforganisatorischen Hürden zu Lieferanten und Kunden bewältigt werden, um schließlich ein reibungslos funktionierendes System zu gestalten und im Unternehmen zu etablieren. Das Innovation Capital ist letztendlich von allen vorhergehenden Stationen geprägt und bildet die Grundlage für die Entwicklung des Investor Capitals, das die Voraussetzung für eine vereinfachte Kapitalbeschaffung ist.[78]

Jeder dieser iVG stellt also einen wichtigen Baustein für den Unternehmenswert dar und sollte hinsichtlich seiner Potenzialausschöpfung vom Management in einem Gesamtkon-

---

[76] siehe Kapitel 3.2
[77] modifiziert nach Becker (2005), S. 21
[78] Vgl. Becker (2005), S. 21

text gesehen werden, damit eventueller Handlungsbedarf frühzeitig erkannt und der ganzheitliche Nutzen realisiert werden kann.

2.2.4 Bilanzielle Behandlung von Intangible Assets

2.2.4.1 Bilanzierung nach HGB

Immaterielles Vermögen nimmt, wie zuvor ausführlich erläutert, einen immer gewichtigeren Wert in Unternehmen ein. Um unter anderem der Behandlung dieser nicht-physischen Werte gerecht zu werden, wurden die Rechnungslegungsvorschriften gemäß dem Bilanzrechtsmodernisierungsgesetz (BilMoG) stellenweise an internationale Standards angepasst.[79] Es soll nun eine Prüfung erfolgen, welche Voraussetzungen ein iVG erfüllen muss um bilanzierungsfähig zu sein.

Zuerst gilt es zu klären, wie ein Vermögensgegenstand handelsrechtlich definiert ist. Dieser ist prinzipiell durch drei Merkmale gekennzeichnet:

- zukünftiger wirtschaftlicher Nutzen,
- Objektivierbarkeit (selbstständig bewertbar) und
- selbstständige Verkehrsfähigkeit (einzeln veräußerbar).[80]

Nach §246 Abs. 1 HGB[81] müssen grundsätzlich alle Vermögensgegenstände des Anlagevermögens als Aktivposten in die Bilanz aufgenommen werden.[82] Selbst geschaffene immaterielle Vermögensgegenstände hingegen können gem. §248 Abs. 2 in die Bilanz aufgenommen werden, wohingegen vergleichbare iVG wie Marken und Kundenlisten von der Bilanzierung ausgeschlossen sind.[83] Der §255 Abs. 2 i. V. m. Abs. 2a konkretisiert die Bilanzierungsfähigkeit dahingehend, dass Entwicklungskosten für selbst erstellte iVG als Aufwendungen geltend gemacht werden dürfen, sofern die Herstellungskosten ausschließlich der Entwicklung zuzurechnen sind. Forschungsaufwendungen hingegen sind nicht bilanzierungsfähig, da über „technische Verwertbarkeiten und wirtschaftliche Erfolgsaus-

---

[79] Vgl. Haas (2011), S. 6f
[80] Vgl. Keller. In: Freidank/Altes (2009), S. 100
[81] Sofern kein Gesetzbuch angegeben ist, handelt es sich um Paragraphen des HGB
[82] Vgl. HGB-Auszug vom Bundesministerium der Justiz
[83] Vgl. ebd.

sichten grundsätzlich keine Aussagen gemacht werden können"[84]. Lässt sich keine Trennung von Entwicklungs- und Forschungskosten vornehmen, so gilt ein Aktivierungsverbot. Zu den Herstellungskosten zählen gem. §255 Abs. 2 Satz 2 die Material-, Fertigungs- und Sonderkosten der Fertigung sowie angemessene Teile der Materialgemein- und Fertigungsgemeinkosten als auch der Werteverzehr des Anlagevermögens, sofern dieser durch die Fertigung des iVG bedingt wurde.[85]

Weiterhin besagt der §255 im Abs. 1 Satz 1 dass Anschaffungskosten, die einem Vermögensgegenstand beim Erwerb einzeln zugeordnet werden können, ebenfalls aktivierbar sind. Dies gilt nach der Gesetzesauslegung auch für immaterielle Vermögensgegenstände. In beiden Fällen, ob der iVG nun selbst hergestellt oder erworben wurde, sind gem. §253 Abs. 1 Satz 1 höchstens die Anschaffungs- oder Herstellungskosten anzusetzen.[86] Bei einer zeitlich begrenzten Nutzung des iVG des Anlagevermögens sind die Anschaffungs- oder Herstellungskosten gem. Abs. 3 Satz 1 um planmäßige Abschreibungen zu vermindern und gem. Satz 3 außerplanmäßige Abschreibungen vorzunehmen, wenn sich der Wert unabhängig des zeitlichen Nutzens dauerhaft vermindert (Impairment-Test[87]).

Um den zeitlich bedingten Wertänderungen im Verlauf des wirtschaftlichen Nutzens des iVG (neben den Abschreibungen) nachzukommen, ist der beizulegende Zeitwert (Fair Value[88]) auf Basis des Marktpreises oder, falls das nicht möglich ist, mit Hilfe allgemein anerkannter Bewertungsmethoden zu bestimmen (gem. §255 Abs. 4, Satz 1 und 2). Kann der beizulegende Wert nicht ermittelt werden, so sind die Anschaffungs- beziehungsweise Herstellungskosten gem. §255 Abs. 4 Satz 3 i. V. m §253 Abs. 4 fortzuführen. Grundsätzlich sind aber gem. §252 Abs. 1 Nr. 6 die angewandten Bewertungsmethoden des vorhergehenden Jahresabschlusses beizubehalten und gem. Abs. 1 Nr. 3 die Vermögensgegenstände einzeln zu bewerten.[89]

---

[84] Vgl. HGB-Auszug vom Bundesministerium der Justiz
[85] Weitere aktivierungsfähige Kosten der Herstellung sind in Satz 3 beschrieben
[86] Vgl. HGB-Auszug vom Bundesministerium der Justiz
[87] Vgl. Vanini (2009), S. 231f.
[88] Vgl. ebd., S. 228
[89] Vgl. HGB-Auszug vom Bundesministerium der Justiz

Der §266 Abs. 2 A. I. gibt die iVG an, die auf der Aktivseite auszuweisen sind. Darunter fallen

1. selbst geschaffene gewerbliche Schutzrechte und ähnliche Rechte und Werte,

2. entgeltlich erworbene Konzessionen [...] sowie Lizenzen an solchen Rechten und Werten,

3. der Geschäfts- oder Firmenwert

4. und geleistete Anzahlungen.[90]

Immaterielle Vermögensgegenstände sind demnach bilanzierungsfähig, wenn die Anschaffungskosten diesen bei Erwerb einzeln zugerechnet werden können oder bei selbst erstellten iVG die Herstellungskosten ausschließlich den Entwicklungsaufwand beinhalten. Für die laufende Bewertung ist die Herleitung der Wertänderung über den Marktpreis möglich, wie dies auch beim marktorientierten Ansatz praktiziert wird.[91]

2.2.4.2 Bilanzierung nach IFRS/IAS

Wegen der Globalisierung der Absatz- und Beschaffungsmärkte sehen sich international operierende Unternehmen hinsichtlich der Kapitalbeschaffung gezwungen, den Investoren beziehungsweise Anlegern marktübergreifend entscheidungsrelevante Informationen bereitzustellen, um das Interesse an Transparenz für eine potenzielle Anlageentscheidung zu befriedigen.[92] Die Informationspolitik in Form des Jahresabschlusses der Unternehmen ist deshalb vornehmlich an den Kapitalgebern ausgerichtet. Um eine Vergleichbarkeit der Informationsqualität beteiligter Unternehmen auf internationaler Ebene zu gewährleisten, ist das IASB (International Accounting Standards Board[93]) für die Vereinheitlichung kapitalmarktorientierter Rechnungslegungen nach IFRS[94] / IAS[95] verantwortlich.

Die Entscheidung, ob ein iVG nach IAS bilanziert werden darf, erfolgt nach einem zweistufigen Konzept.[96] Für die Ansatzentscheidung werden zunächst die Definitionskriterien geprüft (abstrakte Aktivierungsfähigkeit). Wenn ein immaterieller Vermögenswert die De-

---

[90] Vgl. HGB-Auszug vom Bundesministerium der Justiz
[91] siehe Kapital 2.1.3.2
[92] Vgl. Wengel (2007), S. 1
[93] Ehemals IASC (International Accounting Standards Committee) bis 2001
[94] International Financial Reporting Standards
[95] International Accounting Standards
[96] Vgl. Mackenzie et al. (2011), S. 442

finitionskriterien erfüllt, erfolgt im zweiten Schritt die Prüfung der Ansatzkriterien (konkrete Aktivierungsfähigkeit).[97]

Ausgehend vom Vermögenswert ist er nach IAS 38 §8 als Ressource definiert, „die auf Grund von Ereignissen der Vergangenheit von einem Unternehmen beherrscht und von der erwartet wird, dass dem Unternehmen durch sie künftiger wirtschaftlicher Nutzen zufließt"[98]. Weiterhin definiert das IAS 38 in §8 einen immateriellen Vermögenswert als „einen identifizierbaren, nicht monetären Vermögenswert ohne physische Substanz"[99]. Die drei Ansatzkriterien sind somit die Identifizierbarkeit, die Beherrschung und der künftige wirtschaftliche Nutzen des iVG. Identifizierbar bedeutet nach IAS 38 §12, dass er entweder separierbar ist, also vom Unternehmen getrennt und somit gesondert veräußert werden kann, oder er aus vertraglichen oder anderen gesetzlichen Rechten entsteht.[100] Die Beherrschung hingegen definiert sich wie folgt: „Ein Unternehmen beherrscht einen Vermögensgegenstand, wenn es die Macht hat, sich den künftigen wirtschaftlichen Nutzen [...] zu verschaffen und den Zugriff Dritter auf diesen Nutzen beschränken kann" (IAS 38 §13).[101] Die Definition des wirtschaftlichen Nutzens kann in IAS 38 §17 eingesehen werden.

Sind diese Voraussetzungen erfüllt, ist nach §21 ein immaterieller Vermögenswert nur dann anzusetzen, wenn „es wahrscheinlich ist, dass dem Unternehmen der erwartete künftige Nutzen aus dem Vermögenswert zufließen wird und die Anschaffungs- oder Herstellungskosten des Vermögenswertes verlässlich bewertet werden können".[102]

Auch hier ist der iVG bei Zugang mit seinen Anschaffungs- oder Herstellungskosten gem. §24 IAS 38 zu bewerten (siehe Bilanzierung nach HGB). Ebenfalls dürfen die Forschungskosten für selbst erstellte iVG nicht angesetzt werden (§54), wohingegen die Entwicklungskosten, wie nach der deutschen Rechnungslegung des BilMoG, unter den Voraussetzungen des §57 anzusetzen sind.[103] Darüber hinaus dürfen auch nach IAS keine selbst erstellten Markennamen, Kundenlisten sowie ihrem Wesen nach ähnliche Sachverhalte als immaterielle Vermögensgegenstände angesetzt werden (§63).[104] Die fortlaufende Bewer-

---

[97] Vgl. ebd.
[98] Vgl. International Accounting Standard 38 (März 2010)
[99] Vgl. ebd.
[100] Vgl. ebd.
[101] Vgl. ebd.
[102] Vgl. ebd.
[103] Vgl. ebd.
[104] Vgl. ebd.

tung (Neubewertung) erfolgt gem. §75 mit dem beizulegenden Zeitwert unter Bezugnahme eines aktiven Marktes für die Ermittlung des anzusetzenden Betrages.[105]

Die Vorschriften der beiden Rechnungslegungen besagen ferner, dass selbst geschaffener Goodwill nicht bilanziert werden darf, sondern nur in die Bilanz eingeht und abgeschrieben wird, wenn ein Unternehmenszusammenschluss stattfindet, also dem Kauf eines Unternehmens gleichgestellt ist.[106]

Beide Bilanzierungsvorschriften sind in ihrer Auslegung, was einen iVG definiert, wie dieser bilanziert und bewertet wird, nahezu identisch. Eine genaue Untersuchung und Hervorhebung der einzelnen Unterschiede würde den Rahmen der Arbeit sprengen und ist gleichermaßen nicht ihr Gegenstand.

3 Methoden und Instrumente zur Identifikation erfolgskritischer Ressourcen

3.1 Balanced Scorecard

Die 1996 von *Kaplan* und *Norton*[107] entwickelte Balanced Scorecard (BSC) ist zum Meilenstein im strategischen Managementsystem avanciert und diente als Vorreiter vieler anderer Ansätze, wie z. B. dem des Skandia Navigator.[108] Sie erlaubt es die Unternehmensziele konkret in einer Strategie zu formulieren, diese ergebnisorientiert umzusetzen, operativ messbar zu machen und organisationale Zusammenhänge und Potenziale aufzudecken.[109] Den Ausgangspunkt bildet die Entwicklung der Strategie, abgeleitet aus der Unternehmensvision. Dabei geht die BSC über rein finanzielle Messgrößen hinaus und bedient sich ebenso subjektiver wie qualitativer Kennzahlen, um nichtmonetäre Leistungsindikatoren, sogenannte Key-Performance-Indicators (KPI), in der Strategieumsetzung zu berücksichtigen.[110] Die einzelnen Leistungsindikatoren, vorwiegend in Intangible Assets wie dem Humankapital zu finden, gilt es zu identifizieren und dabei zu bestimmen, welche Auswirkungen Investitionen in solche Werttreiber haben und wie sie im Einzelnen auf jeder Stufe der Leistungserstellung zum Unternehmenserfolg beitragen.[111] Wichtig dabei ist die systematische Rückkopplung mit der Unternehmensstrategie, die im Fokus der Erfolgskontrolle steht, um auf veränderte Rahmenbedingungen antizipativ reagieren zu kön-

---

[105] Vgl. ebd.
[106] siehe §246 Abs. 1 S. 4 HGB und die Vorschriften des IFRS 3
[107] Vgl. Kaplan/Norton (1996)
[108] Vgl. Kapitel 3.2
[109] Vgl. Horváth (2009), S. 229ff.; Ziegenbein (2007), S. 390ff.; Vanini (2009), S. 74ff.; Daum (2002), S. 232ff.; Küpper (2008), S. 416ff.
[110] Vgl. Daum (2002), S. 232; Vanini (2009), S. 74
[111] Vgl. Interview mit David P. Norton in Daum (2002), S. 234-235

nen und bei Bedarf die Strategie entsprechend anzupassen.[112]

In ihrer ursprünglichen Form besteht die BSC aus den Perspektiven Finanzen, Kunden, interne Prozesse sowie der Lern- und Entwicklungsperspektive.[113]

Die *Lern- und Entwicklungsperspektive* bildet das Fundament und informiert über die Innovationsfähigkeit und die Wachstumspotenziale des Unternehmens.[114] Sie beinhaltet das Repertoire an Möglichkeiten, das zur Verfügung steht, die Ziele der anderen Perspektiven zu unterstützen, und setzt sich aus dem Human-, Informations- und Organisationskapital zusammen. Es müssen jene Intangible Assets identifiziert werden, die zu der Strategieumsetzung effektiv beitragen. Sind diese herausgestellt, gilt es konkrete Maßnahmen zu formulieren, die vornehmlich die Zielvorgaben der wertgenerierenden *internen Prozesse* unterstützen.[115] Im Umkehrschluss müssen die Maßnahmen explizit im Kontext der Unternehmensstrategie und in Synergie mit allen anderen Organisationseinheiten stehen, damit es überhaupt zu einer Wertgenerierung kommen kann.[116] Das bedeutet, dass die einzelnen Funktionseinheiten, die an der Strategieumsetzung partizipieren, nicht isoliert voneinander operieren dürfen, sondern eine Einheit bilden müssen, die den Herausforderungen geschlossen gegenübertreten.

Die *interne Prozessperspektive* orientiert sich an den Zielen der *Kunden- und Finanzperspektive*. Es wird versucht, die erfolgskritischen Punkte entlang der betrieblichen Wertschöpfungskette zu bestimmen und die Prozessqualität der Arbeitsabläufe zu verbessern, sodass die damit eng verbundenen Ziele der *Kundenperspektive*, wie z. B. die Steigerung der Kundenzufriedenheit, erreicht werden.[117]

In der *Kundenperspektive* geht es um die Wünsche und Bedürfnisse der Käufer und wie diese bestmöglich zu befriedigen sind. Dabei liegt der Fokus auf dem Blickwinkel des Kunden, um wichtige Informationen über das Unternehmen und Ansatzpunkte zu erlangen,

---

[112] Die Strategie eines Automobilherstellers war es vor nicht allzu geraumer Zeit, sich ausschließlich über die Leistung und Qualität von der Konkurrenz abzusetzen. Heutzutage, wo das ökologische Bewusstsein der Verbraucher stärker denn je ausgeprägt ist, geht es vielmehr um die Verbrauchseffizienz der Motoren als um Leistung. Die Unternehmensstrategie musste also an die veränderten Bedürfnisse angepasst werden, wobei die laufende Erfolgskontrolle, die z. B. einen verminderten Absatz verbrauchsintensiver Fahrzeuge gekoppelt mit einem entsprechenden Umsatzrückgang signalisierte, erste Hinweise für diesen Trendwechsel gab.
[113] Je nach Autor auch als Innovations-, Wachstums-, Mitarbeiter- oder Wissensperspektive bezeichnet.
[114] Vgl. Vanini (2009), S. 75
[115] Vgl. Kaplan/Norton (2004), S. 49f.
[116] Vgl. ebd., S. 201f.
[117] Vgl. Ziegenbein (2007), S. 391; Horváth (2009), S. 231f.

was konkret zu verbessern ist. *Horváth* nennt hier die Kategorien Zeit, Qualität, Produkt-leistung, Service und den Preis als wichtigste Faktoren.[118]

Schließlich ist die *Finanzperspektive* dafür zuständig, den Erfolg der umgesetzten Strategie umfassend zu messen und mit Kennzahlen Ausdruck zu verleihen. Diese unterteilen sich in Erfolgs-, Liquiditäts- und Rentabilitätskennzahlen und ermitteln Größen wie Gewinn, Cashflow oder die Umsatzrendite. Da alle anderen Perspektiven primär am Oberziel des finanziellen Erfolges ausgerichtet sind, hat die *Finanzperspektive* die Funktion der finanz-wirtschaftlichen Zielvorgabe. Dabei ermitteln die Kennzahlen die Zielerreichung einzelner Maßnahmen vergangenheitsorientiert, da die Realisation der Unterziele in den jeweiligen Bereichen, z. B. die Reduzierung der Bearbeitungszeiten in der Auftragsabwicklung, den Oberzielen vorausgehen. Die Zusammenhänge der vorgestellten Perspektiven in grafischer Ausführung sind in der Abbildung 17 (Anhang) ersichtlich.[119]

Um nun die Verbindungen der Perspektiven zueinander herzustellen und zu visualisieren, werden diese in der Regel in einem Geschäftsmodell, der sogenannten *Strategy Map*[120], zusammengefasst. Die auch als Ursache-Wirkungs-Beziehungen („cause-and-effect relati-onships"[121]) bezeichneten Verknüpfungen der Perspektiven zeigen auf leicht verständliche Art und Weise die Zusammenhänge und Auswirkungen zwischen den Zielen auf jeder Ebene der Strategieumsetzung. Dabei wird von einer Vielzahl der Autoren, die sich mit dem Thema beschäftigt haben, auf die besondere Stellung von qualifiziertem Personal verwiesen, die dem Betrieb das nötige Know-how zur Verfügung stellen, damit es im Fol-geschritt zu einem Wertzuwachs durch Innovation kommen kann. Die Abbildung 6 zeigt eine exemplarische *Strategy Map*.

---

[118] Vgl. Horváth (2009), S. 232
[119] Vgl. Horváth (2009), S. 231
[120] Vgl. Vanini (2009), S. 77
[121] Vgl. Kaplan/Norton (2004), S. 9

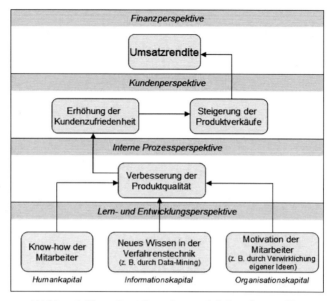

Abbildung 6: Eigene Darstellung einer vereinfachten Strategy Map

Damit die Umsatzrendite gesteigert werden kann, muss zunächst der Absatz in Form von Produktverkäufen angehoben werden. Dies erreicht man unter anderem durch zufriedenere Kunden. Eine Möglichkeit die Kundenzufriedenheit zu steigern, ist die auf dem Markt platzierten Produkte qualitativ zu verbessern. Das Know-how der Mitarbeiter, Informationssysteme zur Entdeckung neuen Wissens sowie ein aus der Unternehmenskultur heraus geschaffener Freiraum für die Umsetzung mitarbeiterbezogener Projekte können zur Erschließung neuartigen Informationen und letztendlich zur Innovation führen, die zur Verbesserung der Produktqualität beiträgt. Um das Ziel der vorgegebenen Umsatzrendite zu verwirklichen, müssen zunächst für jede Perspektive eigene Ziele festgelegt und mit einem Sollwert versehen werden, der angibt, in welchem Ausmaß jedes Ziel zu erreichen ist. Des Weiteren sind Maßnahmen zu konkretisieren, wie die Ziele operativ umzusetzen sind. Schließlich sorgt das Kennzahlensystem für die Überwachung und Bewertung der Zielerreichung.[122]

Die genannten Perspektiven sind unternehmens- und branchenspezifisch beliebig veränder- und erweiterbar, sodass je nach Zielsetzung die BSC individuell angepasst werden kann. So verändert sich auch gleichermaßen das mit der BSC angewandte Kennzahlensystem. *Norton* weist aber explizit darauf hin, dass „die Balanced Scorecard kein Messprogramm

---

[122] Vgl. Ziegenbein (2007), S. 391

ist, sondern eine Technik zur Beschreibung einer Strategie"[123], wobei die Kennzahlen eben diese Strategie zu unterstützen versuchen.

Ein prägnanter Vorteil der BSC liegt in der Kommunikations- und Informationsfunktion. Mit Hilfe der Strategy Map können komplexe strategische Zusammenhänge simplifiziert und mit konkreten Zielen für das gesamte Personal verständlich gemacht werden. Für die externe Berichterstattung besteht die Möglichkeit, neben Finanzkennzahlen auch qualitative Erfolgsfaktoren zu kommunizieren, um den Adressaten eine erweiterte Informationsbasis zu bieten.[124] Dadurch, dass die kritischen Erfolgsfaktoren sichtbar gemacht werden (insbesondere immaterielle Ressourcen), trägt die BSC zur gezielten Steuerung und Entwicklung dieser Potenziale bei und bewirkt betriebsinterne Lernprozesse.[125] So ist die Gelegenheit gegeben, bestehende Defizite im Leistungserstellungsprozess zu erkennen und unerkannte Chancen zu nutzen.

Neben all diesen positiven Eigenschaften hat die BSC im Laufe der Zeit auch einiges an Kritik einstecken müssen. Der wohl größte Nachteil ist der mit der Einführung und Implementierung der BSC auf Gesamtunternehmensebene anfallende Aufwand, der mehrere Jahre und Unmengen an Finanzmitteln in Anspruch nehmen kann. Auch bietet die BSC keine Messinstrumente für die Bewertung weicher Faktoren, wie z. B. dem Image oder Wissen, was die Erfolgskontrolle in einigen Fällen sehr schwierig werden lässt. Da es sich bei diesem Konzept um einen Top-Down Ansatz handelt, werden die Ziele und die Strategie vom Management vorgegeben.[126] Zu hoch gesetzte Ziele können somit fälschlicherweise vom Management als realistisch erachtet werden, wenn nicht rechtzeitig eine Informationsbasis mit den ausführenden Unternehmensbereichen geschaffen und im gleichen Atemzug geklärt wird, was überhaupt umsetzbar ist. Vielleicht hat sich aus eben diesen Gründen die BSC auf deutschem Boden noch nicht vollends durchsetzen können, da lediglich 24% der 200 größten Aktiengesellschaften überhaupt eine einführten (Stand: 2003).[127]

---

[123] Daum (2002), S. 239
[124] Ähnlich dem Intellectual Capital Report in Kapitel 3.4
[125] Vgl. Vanini (2009), S. 76
[126] Vgl. Sturm (2006), S. 338
[127] Vgl. Weber/Schäffer (2011), S. 197

3.2   Skandia Navigator

Das von *Leif Edvinsson*[128] Anfang der 90er Jahre entwickelte Modell zur Identifikation von Wissenskapital für den schwedischen Versicherungskonzern Skandia ist noch immer eines der bedeutendsten Instrumente zur Erfassung immaterieller Werte und zur Unterstützung des strategischen Managements. Ausgehend von der Problematik der unzureichenden Informationsversorgung des Rechnungswesens über wissensbezogene Wertschöpfungskomponenten[129] musste ein Modell konzipiert werden, das genau dieses Defizit auffängt und Aussagen über wesentliche immaterielle Wertkomponenten im Unternehmen trifft.

Der Skandia Navigator war in seiner ursprünglichen Idee dazu gedacht, den Wert des Wissenskapitals als Differenz zwischen Markt- und Buchwert zu bestimmen (siehe hierzu auch das Kapitel 4.3).[130] Wie sich dieser nach Skandia einordnen lässt, zeigt die Abbildung 7.

Hervorzuheben sind die Berührungspunkte der dargestellten Komponenten mit den von der Schmalenbach-Gesellschaft identifizierten und kategorisierten immateriellen Vermögensgegenständen (siehe Kapitel 2.2.3). So stimmen die Punkte Human, Innovation, Process und Customer Capital miteinander überein und bilden in diesem Modell sozusagen die Säulen des Wissenskapitals, wobei das Organisations- und Kundenkapital dem Strukturkapital zuzuordnen sind. Dabei sind jeden dieser Komponenten auf allen Ebenen spezifische Kennzahlen beigelegt, die eine „ganzheitliche Sicht auf Performance und Zielerreichung"[131] in den operierenden Unternehmensbereichen geben sollen. Beispielhafte Kennzahlen aus dem Bereich des Innovation Capital sind Fortbildungsausgaben pro Mitarbeiter, Investitionen in Kundenbeziehungen pro Kunde oder der F&E-Aufwand in Prozent.

---

[128] Vgl. Edvinsson/Malone (1997)
[129] Vgl. Arbeitsgemeinschaft QUEM (2005), S. 371f.
[130] Vgl. ebd., S. 372
[131] Zehetner/Prange. In: Hinterhuber et al. (2006), S. 489

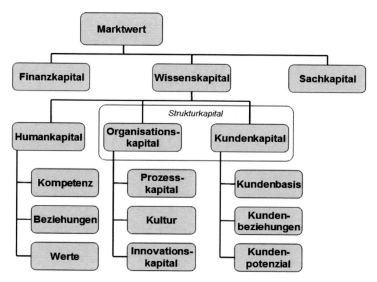

Abbildung 7: Wissenskapitalmodell als Komponente des Marktwertes[132]

Die Ausprägungen der Kennzahlen sind quantitativ wie qualitativ und müssen für jedes Unternehmen branchenabhängig individuell festgelegt werden, damit sie den gewünschten Effekt entfalten. Es ist hilfreich übergeordnete Kennzahlen zu integrieren, die die Ergebnisse geringerer Aggregationsstufen kumuliert zum Ausdruck bringen, wie z. B. der Gesamtgewinn pro Quartal bezogen auf Neuaufträge (die Wertschöpfung pro Mitarbeiter wäre beispielsweise eine Kennzahl geringerer Aggregationsstufe).

Die originäre Version des Skandia Navigator ist in Abbildung 8 dargestellt. Das Humankapital als zentraler Ausgangspunkt bezieht sich auf die Fähigkeiten, Eigenschaften und das Wissen der Angestellten.[133] Weiterhin bestehen Interdependenzen zwischen dem Human- und Strukturkapital in der Ausprägung, dass sich erst durch den effizienten Einsatz beider Komponenten das Intellectual Capital (IC) steigern lässt und das Humankapital schnellstmöglich in strukturelles Kapital überführt werden sollte, bevor es zu unerwarteten Wissensverlusten durch den Abgang von Mitarbeitern kommt.[134]

---

[132] Vgl. Arbeitsgemeinschaft QUEM (2005), S. 372
[133] Vgl. Ackermann/Bahner. In: Bullinger, Hans-Jörg et al. (2003), S. 382
[134] Vgl. ebd.

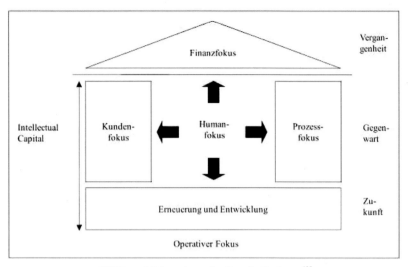

Abbildung 8: Dimensionen des Skandia Navigator[135]

Zu beachten ist, dass das Intellectual Capital einen gegenwärtigen sowie zukünftigen Bezug hat, ergo die Bemühungen darin liegen sollten, das bestehende Wissen zu sichern und durch den internen (Steigerung der Mitarbeiterqualifikationen) wie externen (Werben neuer Mitarbeiter) Entwicklungsprozess weiter auszubauen.

Ein wesentlicher Vorteil des Skandia Navigators ist die unumstrittene Praxisnähe verbunden mit einer relativ hohen Detailtiefe für jede Dimension, die wiederum von der Art und Menge der Kennzahlen abhängig ist. Zudem ist die Methode auf hohe Resonanz in der Fachwelt gestoßen und ist immer noch eines der treibenden Modelle in der Theorie und Praxis. Allerdings ist die Implementierung zu unternehmensspezifisch, sodass sich kaum ein Vergleich zur Konkurrenz anstellen lässt, obwohl diese womöglich mit ähnlichen Methoden arbeitet. Zudem kann die Masse an verwendeten Kennzahlen auf jeder Aggregationsstufe (neben ihrer Komplexität) für Verwirrung sorgen und die eigentlichen Vorteile des Ansatzes in den Hintergrund stellen.

---

[135] Vgl. Lange/Kraemer. In: Keuper/Neumann (2009), S. 448

3.3 Intangible-Asset-Monitor

Ein weiteres, wenn auch nicht unähnliches Modell zur Identifikation und darstellenden Entwicklung intellektuellen Kapitals ist der von *Karl-Erik Sveiby* geprägte Intangible-Asset-Monitor.[136] Parallel zu *Edvinssons* Skandia Navigator entstanden, unterteilt dieses Beobachtungsinstrument die immateriellen Werte des Unternehmens in drei Perspektiven, gepaart mit je drei Kennzahlen (Abbildung 9).[137] Daneben steht das materielle, sichtbare Vermögen beziehungsweise Kapital, das in der Bilanz ausgewiesen ist.[138]

Immaterielle Vermögenswerte			
Perspektive	**Externe Struktur**	**Interne Struktur**	**Kompetenz der Mitarbeiter**
Themenfeld	Marken; Kunden- und Lieferantenbeziehungen	Rechtsform; Management; Unternehmenskultur; Software	Ausbildung; Erfahrung
Kennzahlen-gruppe			
Wachstum / Erneuerung	Steigerung des Marktanteils; Index der Kundenzufriedenheit; Qualitätsindex	IT-Investitionen; Index zur Einstellung der Mitarbeiter zum Management, der Unternehmenskultur und den Kunden	Umsatzanteil besonderer Kundengruppen; Veränderung der durchschnittlichen Berufserfahrung, Ausbildungsstand
Effizienz	Gewinn pro Kunde; Umsatz pro Spezialist	Anteil der Mitarbeiter in der Verwaltung; Umsatz pro Mitarbeiter in der Verwaltung	Veränderung der Wertschöpfung pro Spezialist; Veränderung im Anteil der Spezialisten
Stabilität	Häufigkeit von Wiederholungsaufträgen	Alter des Unternehmens; Anteil neuer Mitarbeiter	Fluktuation von Spezialisten

Abbildung 9: Struktur des Intangible-Asset-Monitor[139]

Die Perspektive des immateriellen Vermögenswertes beschreibt seine Herkunft beziehungsweise die formelle Einordnung im Unternehmen. Das darunter liegende Themenfeld zeigt diejenigen Vermögenswertkomponenten, die in der betrachteten Perspektive betroffen sind. Weiterhin sind jeder dieser Perspektiven Kennzahlengruppen zugeordnet, die Auskunft über die Indikatoren Wachstum bzw. Erneuerung, Effizienz und Stabilität geben. Die *externe Struktur* beinhaltet die Kunden- und Lieferantenbeziehungen sowie die „Reputation und das Image"[140]. Es kann somit als Beziehungskapital bezeichnet werden und soll-

---

[136] Vgl. Sveiby (1998)
[137] Vgl. Klug (2010), S 32
[138] Vgl. Bodrow/Bergmann (2003), S. 83
[139] In Anlehnung an Lehner (2009), S. 223; Bodrow/Bergmann (2003), S. 83
[140] Klug (2010), S. 32

te, neben dem Supplier und Investor Capital, u. a. aus dem Customer Capital bestehen (siehe Kapitel 2.2.3). Die *internen Strukturen* umfassen organisatorische Prozesse sowie verwendete Technologien und wären dem strukturellen Kapital gleichzusetzen[141], welches *Edvinsson* hingegen als Organisations- und Kundenkapital definierte und daher das zuvor zum Beziehungskapital deklarierte Customer Capital wieder annullieren würde (siehe Abbildung 8). Dass die Begriffsbezeichnungen nicht von allen Autoren einheitlich verwendet werden, liegt in der Komplexität der Thematik begründet. In der Praxis hängt die erfolgsorientierte Anwendung jeder Methode vom generellen Verständnis aller Beteiligten sowie von ihrer Identifikation mit der Sache selbst ab und ist weniger von einer universellen, theoriebezogenen Begriffsbestimmung geprägt. Weiterhin sind die Dimensionen des Skandia Navigators nahezu identisch mit denen des Intangible-Asset-Monitors. Unabhängig vom aufgestellten Vergleich gehören nach *Brodow/Bergmann* „Patente, Konzepte, Modelle sowie Computer- und Verwaltungssysteme"[142] zu den internen Strukturen.

Mit der Perspektive *Kompetenz der Mitarbeiter* sind im Wesentlichen die mit einer Person verbundenen, spezifischen Fähigkeiten, Erfahrungen, Werte und die sozialen Fertigkeiten gemeint.[143] Es sind also diejenigen Charakteristika, die unter anderem die Individualität des Unternehmens ausmachen und mit für die Differenzierung gegenüber der Konkurrenz sorgen. Dieser Definition nach handelt es sich um Humankapital und ist deckungsgleich mit der von *Edvinsson* bezeichneten Komponente des Intellectual Capitals.

Auch hier, wie beim Intellectual Capital Navigator, sind die Kennzahlen das Maß aller Dinge. Erst durch sie kann die Leistungsfähigkeit und Dauerhaftigkeit des Wissens in der Organisation objektiviert und die Entwicklungstendenz erkannt werden.[144] Sie sind ein wichtiger Bestandteil zur Überwachung und Steuerung der Vermögenswerte.

Um nicht die Funktionalität und Übersichtlichkeit des Modells leiden zu lassen ist es angebracht, lediglich ein bis zwei Kennzahlen für jedes Feld der obigen Matrix zu verwenden, die jährlich auf Aktualität zu prüfen sind.[145]

Obwohl sich die Indikatoren und Kennzahlen auf die ganzheitliche Strategie des Unternehmens ausrichten und diese gleichermaßen nachhaltig kontrollieren sollen, fehlt es ihnen oftmals an direktem Bezug. So ist es nur schwer nachvollziehbar, wie der Anteil der Mitarbeiter in der Verwaltung mit dem Unternehmenserfolg zusammenhängt. In Anlehnung an

---

[141] Vgl. Soelberg (2012), S. 82
[142] Bodrow/Bergmann (2003), S. 83
[143] Vgl. Lehner (2009), S. 223
[144] Vgl. ebd., S. 224
[145] Vgl. Lehner (2009), S. 224

Klug und *Lehner* kommt es erschwerend hinzu, dass keine absolute Trennschärfe einzelner Kennzahlen zueinander, auf Grund der Vermischung monetärer und rein qualitativer Faktoren, vorliegt und auch übergreifende Verbundeffekte vernachlässigt beziehungsweise nicht transparent gemacht werden.[146] Darüber hinaus besteht weiterhin die Problematik der expliziten Begrifflichkeit einzelner immaterieller Vermögensgegenstände mit eindeutigen Definitionen, die eine Messung mit abgestimmten Kennzahlen erlauben; denn wo es keinen klar abgesteckten Rahmen gibt, ist viel Platz für eigenes Gutdünken. Trotzdem gibt diese Monitoring-Methode einen recht guten Überblick über einzelne tragende Komponenten des Unternehmenswertes und zeigt, wie man diese operationalisieren kann.

3.4 Intellectual Capital Statement

Die Differenz zwischen Markt- und Buchwert, ergo dem tatsächlichen Wert, der dem immateriellen Vermögen eines Unternehmen beizulegen ist (originärer Firmenwert), resultiert aus dem Goodwill. In der Bilanz ist dieser allerdings nur unzureichend dargestellt, wie z. B. bei selbst geschaffenen iVG, die ausschließlich mit ihren Entwicklungskosten anzusetzen sind (siehe Unterkapitel 2.2.4). Es besteht also die Notwendigkeit, diese fundamentale Diskrepanz in eine wirklichkeitsgetreue Abbildung immaterieller Werte zum Wohle aller Interessengruppen, insbesondere der Anteilseigner und Investoren, umzuwandeln.

Mitte der 90er Jahre ist der Gedanke des Intellectual Capital Statements (ICS) bzw. des Intellectual Capital Reports (ICR) entsprungen.[147] Der erste von Skandia, auf dem IC-Navigator basierende, intern wie extern veröffentlichte IC-Report fand schnell Anklang in der Wirtschaftswelt und wurde von europäischen Unternehmen wie Carl Bro und Coloplast (Dänemark), BBVA und Bankinter (Spanien) sowie Celemi (Schweden) 1998 kopiert.[148] Bald darauf folgte die Veröffentlichung des ersten ICS-Handbuchs von der Dänischen Agentur für Handel und Industrie (DATI), das unter anderem Richtlinien für die Quantifizierung von Intellectual Capital sowie, auf dessen Grundlage, die Gestaltung des externen Reportings beinhaltete. Auch in Deutschland wurde die Relevanz des Themas erkannt und im Jahr 2003 lief das Projekt Wissensbilanz[149] im Auftrag des Bundesministeriums für

---

[146] Vgl. Lehner (2009), S. 224; Klug (2010), S. 34
[147] Vgl. Joia (2007), S. 92
[148] Vgl. Lytras et al. (2008), S. 64f.
[149] Weitere Ausführungen zu diesem Modell erfolgen im nächsten Unterkapitel

Wirtschaft und Technologie (BMWi) an[150], das bis heute der Schirmherr des Arbeitskreises Wissensbilanz ist[151], der mit dem Projekt beauftragt wurde.

Die Wertorientierung der Unternehmen erfolgt nicht mehr ausschließlich auf dem Prinzip des Shareholder-Value, wie in Kapitel 2.1.3.1 im Ansatz angeführt, sondern hat sich vielmehr an seinen gesamten Stakeholdern zu orientieren, sodass mitunter ein neues Unternehmensmodell geschaffen werden muss. Dieser Umstand resultiert primär aus zwei Gründen, die von *Jürgen Daum* in der Zeitschrift *Controlling* übersichtlich dargestellt wurden. [152] Zum einen kommt es zum Umbruch des operativen Unternehmenswertschöpfungssystems. Die zunehmende Verschiebung von der industriellen Massenfertigung hin zu einem individuellen und kundenzentrierten Problemlösungsprozess im Zeitalter der Dienstleistungen verschlingt Unmengen an Geldmitteln, die von einem Investitionscharakter zeugen. Vorhandene Fähigkeiten sind auf immer neue Anforderungen abzustimmen und weiter zu entwickeln, die keinem zeitlichen Intervall unterliegen sondern permanent akut sind.

Der zweite Grund ist die Anpassung und Umorientierung der Unternehmensstrategie auf dessen Stakeholder. Nicht nur die Unternehmensumwelt unterliegt der gestiegenen Dynamik, sondern auch ihre Partizipanten, sodass sich gleichermaßen deren Ziele und Wertvorstellungen sprunghaft ändern können. Ein erfolgreiches Unternehmen zeichnet sich also dadurch aus, sich mit den inkonsistenten Wünschen und Zielen der Öffentlichkeit zu arrangieren und sie nach Möglichkeit in die Strategie mit aufzunehmen.

Um nun auf die Vorgehensweise des IC-Reportings genauer einzugehen, ist es zuerst notwendig, den Inhalt eines solchen Statements zu erörtern. Nach der Definition von *Miltiadis* repräsentieren „intellectual capital statements all the value creating resources in an organization that are not captured in traditional financial statements but are of critical importance to a firm's long-term competitive advantage [...] and can be defined as an innovative corporate report that basically covers information on knowledge-based resources not covered in traditional annual reports"[153]. Das Ziel ist es also „den Mechanismus darzustellen, der die Beziehungen zwischen Mitarbeitern, externen Geschäftspartnern und dem Strukturka-

---

[150] Vgl. Lytras et al. (2008), S. 65
[151] Vgl. Arbeitskreis Wissensbilanz
[152] Vgl. Daum (2003), S. 4ff.
[153] Miltiadis et. al. (2008), S. 72

pital des Unternehmens [siehe Kapital 3.1] mobilisiert, um Kundenwert zu schaffen"[154]. Dabei bildet sich das ICS aus drei Bestandteilen[155], die hier kurz erläutert werden sollen.

Das *Knowledge Narrative* artikuliert den Kundennutzen der Produkte und Dienstleistungen marktgerichtet und zeigt, inwiefern die wissensbasierten Ressourcen zur Umsetzung der Kundenbedürfnisse beitragen. Es gibt darüber hinaus Aufschluss über die Strategien und Ziele des Unternehmens (Unternehmensmission). Die *Management Challenges* sind die abgeleiteten Maßnahmen aus den zuvor formulierten Zielen, die sich explizit auf die Herausforderungen des Wissensmanagements beziehen. Jeder Maßnahme werden anschließend spezifische Kennzahlen zur Erfolgsmessung beigelegt. Im abschließenden *Reporting*, dem Intellectual Capital Statement, werden alle vorangegangenen Schritte veranschaulicht zusammengetragen und die Strategie für das Wissensmanagement kommuniziert. Dazugehörige Beispiele lassen sich in *Daums* Artikel Intellectual Capital Statements finden.[156]

Die Berichterstattung intellektuellen Kapitals ist seit der Publikation von *Edvinsson* drastisch gestiegen. Der Energiekonzern Baden-Württemberg AG (EnBW) nahm den Posten des intellektuellen Kapitals bereits 2005 in seinen Geschäftsbericht (GB) auf und widmete 2011 gleich mehrere Seiten der immateriellen Ressource mit entsprechenden Abschnitten zum Human-, Struktur- und Beziehungskapital.[157] Ein Zitat aus dem Artikel *Wissensbilanz - Made in Germany im EnBW Geschäftsbericht 2009* des Presseportals vom März 2010 suggeriert erneut die Bedeutung dieser Ressource für EnBW, wo Dr. Alexander Serfas, externer Berater bei der Erstellung des EnBW Geschäftsberichts, folgendes formulierte: „Wir haben jüngst erlebt, dass die Maximierung der Kapitalrendite nicht zu nachhaltigem Erfolg führt [...] und nur eine ganzheitliche Betrachtung betrieblicher Prozesse dem langfristigen Erfolg des Unternehmens dient"[158]. Mit einer „ganzheitlichen Betrachtung" sind im Speziellen die immateriellen Ressourcen und ihre Auswirkungen auf die betrieblichen Prozesse gemeint. Dies lässt sich nahtlos auf nahezu alle anderen am Markt agierenden Unternehmen übertragen, deren Wert maßgeblich vom immateriellen Vermögen geprägt ist.

Nicht nur in Skandinavien hat man sich mit der externen Berichterstattung auseinandergesetzt. Die Schmalenbach-Gesellschaft hat im Zuge der Abwesenheit immaterieller Werte in der externen Rechnungslegung einen konzeptionellen Vorschlag entwickelt, wie eine frei-

---

[154] Daum (2003), S. 7
[155] Vgl. Daum (2003), S. 10ff.
[156] Vgl. ebd., S. 18
[157] Vgl. EnBW GB 2011
[158] Will (2010)

willig ergänzende Berichterstattung zur Offenlegung solcher nicht bilanzierten intangiblen Assets aussehen könnte.[159] Ähnlich dem zuvor erläuterten ICS stützt sich der Berichtsaufbau auf den von der Schmalenbach-Gesellschaft postulierten Kategorisierungsvorschlag intangibler Assets.[160] Ergänzend wird für jeden immateriellen Wert eine Strategie formuliert, die Aussagen darüber trifft, welchen Bezug die IC-Kategorie zur Unternehmensstrategie hat und wo sich das Unternehmen in diesem Bereich zukünftig sieht. Unter Bezugnahme auf einen angestrebten Zielwert werden jeder Kategorie Indikatoren beigefügt, die den Wert des jeweiligen iVG für die Berichtsperiode ausweisen.

Weiterhin wird Auskunft über bestehende oder mögliche Wechselwirkungen zwischen diesen Indikatoren gegeben, die abschließend eine Kommentierung des Managements hinsichtlich ihrer zeitbasierten Wertveränderung erfahren.

Der Vorteil von Wissensbilanzen liegt in der Identifikation und Visualisierung der Beziehungen unternehmensinterner weicher Faktoren[161], worunter auch die komplexen Zusammenhänge in dem Wissensnetzwerk aufgeschlüsselt werden und somit eine Grundlage für das Management geschaffen wird, wichtige Wertschöpfungspotenziale frühzeitig zu erkennen und die Unternehmensstrategie daran auszurichten.[162] Wissen wird mittels dieser Methodik transparent gemacht und einer qualitativen und/oder monetären Bewertung unterworfen, Schlüsselkompetenzen und Schwachstellen aufgedeckt. Der Intellectual Capital Report als Kommunikationsmittel schürt ferner das Engagement externer Parteien für das Unternehmen und ist besonders wegen seiner Informationsfunktion für Investoren von Interesse. Er ist allerdings nur als ergänzendes Dokument für die Informationsversorgung zu sehen und löst keinesfalls bestehende Reporting-Systeme, so wie das der Finanzbuchhaltung, ab.

3.5 Das Konzept des Arbeitskreises Wissensbilanz

Der Leitfaden zur Erstellung der Wissensbilanz, herausgegeben vom Bundesministerium für Wirtschaft und Technologie, verdeutlicht pragmatisch das Konzept der Implementierung und Nutzung wissensbasierter Ressourcen.[163]

---

[159] Vgl. Arbeitskreis „Immaterielle Werte im Rechnungswesen" der Schalenbach-Gesellschaft (2003)
[160] Siehe Kapitel 2.2.3
[161] Vgl. Stroisch (2009)
[162] Vgl. Mertins et al. (2005), S. 218
[163] Vgl. BMWi (2008)

Das Wissensbilanzmodell des Arbeitskreises Wissensbilanz (AKWB) betrachtet das Unternehmen im ganzheitlichen Kontext seiner Vision und Geschäftsstrategie und bezieht dadurch das Geschäftsumfeld mit den gegebenen Chancen und Risiken mit ein.[164] Die analysierte Ausgangssituation dient dazu, konkrete Maßnahmen abzuleiten um bestehende Potenziale effizient zu nutzen oder neue zu erkennen und aufzubauen. Festgestellte Defizite des Unternehmens sollen dabei identifiziert und nach Möglichkeit dezimiert werden. Die formulierten Maßnahmen erstrecken sich auf die Organisation als Ganzes, was zum einen die Geschäftsprozesse sowie den Einsatz der finanziellen und materiellen Ressourcen umfasst und zum anderen primär auf den Ausbau des intellektuellen Kapitals (hier als Human-, Struktur- und Beziehungskapital definiert) ausgerichtet sind.[165] Als Erfolgsziel steht das Geschäftsergebnis im Vordergrund, wie z. B. ein steigender Gewinn auf Grund von Wachstum, aber auch Teilziele wie das Image oder die Kundenbindung sind von Interesse. Ziel muss es daher sein, die herbeigeführten Veränderungen speziell im Bereich des intellektuellen Kapitals so zu steuern, dass positive Verbundeffekte (Wechselwirkungen) aller genutzten Ressourcen im Geschäftsprozess folgen und sich die gestiegene Wirtschaftlichkeit im Geschäftserfolg niederschlägt.[166] Im Falle einer unzulänglichen Zielerreichung sollten die Maßnahmen eindringlich geprüft und bei gegebenem Anlass die Geschäftsstrategie überdacht werden. Die Abbildung 10 auf der folgenden Seite zeigt das Wissensbilanzmodell des AKWB.

Das Modell besteht aus acht Phasen bzw. Schritten, die individuell vom Unternehmen zu definieren und auszuarbeiten sind.[167] In der ersten Phase, dem Geschäftsmodell, gilt es den Bilanzierungsbereich, das Geschäftsumfeld, die Vision und Strategie sowie die Geschäftserfolge und -prozesse zu konkretisieren.

Der zweite Schritt befasst sich mit der Untersuchung der Einflussfaktoren auf das intellektuelle Kapital des Unternehmens. Um die Effektivität und Effizienz der Geschäftsprozesse steigern zu können, müssen die erfolgskritischen Einflussfaktoren jeweils für das Human-, Beziehungs- und Strukturkapital herausgestellt werden. Dabei wird explizit darauf hingewiesen, nicht mehr als vier Einflussfaktoren pro Wissenskapitalkomponente zu verwenden, da sonst die Komplexität Überhand nehmen würde. Für das Humankapital stellen die Fachkompetenz, die soziale Kompetenz und die Mitarbeitermotivation exemplarische Einflussfaktoren dar.

---

[164] Vgl. ebd., S. 10
[165] Vgl. ebd.
[166] Vgl. ebd. (sinngemäß geben die nachfolgenden Erläuterungen in chronologischer Reihenfolge den Inhalt der Publikation wieder und sollen hier nicht durchgängig mit Fußnoten belegt werden)
[167] Vgl. ebd., S. 12ff.

Abbildung 10: Das Wissensbilanzmodell des AKWB[168]

Im dritten und vierten Schritt gilt es das intellektuelle Kapital anschließend zu messen und zu bewerten. Als Bewertungsmaßstab fungieren die strategischen Ziele und Teilziele des Unternehmens. Es wird dazu geraten ein Stärken- und Schwächenprofil der immateriellen Faktoren zu erarbeiten, wobei jeder Einflussfaktor mit den Dimensionen Quantität, Qualität und Systematik bewertet wird. Die anzuwendende Bewertungsskala besteht aus mehreren Stufen und gibt Aufschluss darüber, wie gut oder schlecht die Dimensionen für jeden Einflussfaktor ausgeprägt sind. Der nachfolgende Schritt hinterlegt die Einflussfaktoren mit Indikatoren (Kennzahlen) und misst diese quantitativ. Das könnte folgendermaßen aussehen[169]:

Wissenskapitalkomponente: Humankapital

Einflussfaktor: Kundenbeziehung

Bewertungsdimension: Quantität

Indikator: Kontaktfrequenz

Berechnungsweise: ø Kundenanzahl, die pro Tag bedient wird

Einheit: Anzahl der Kontakte pro Tag

Wertebereich: > 15 Kunden / Tag = gut; 10 – 14 Kunden / Tag = mäßig; < 10 Kunden / Tag = schlecht

---

[168] Vgl. BMWi (2008), S. 10
[169] Vgl. ebd., S. 28

Prinzipiell gilt es solche Einflussfaktoren auszublenden, denen keine eindeutigen Indikatoren beigelegt werden können, um Entscheidungen, die auf den vorliegenden Ergebnissen beruhen, nicht durch ungenaue und zum Teil schleierhafte Aussagequalitäten einzelner Indikatoren negativ zu beeinflussen beziehungsweise zu manipulieren.

Um die Analyse des intellektuellen Kapitals abzuschließen, werden nun die Wechselwirkungen der Einflussfaktoren zueinander, auf die Prozesse und den Geschäftserfolg ergründet (Schritt 5). Durch diese dynamischen Zusammenhänge lassen sich Aussagen darüber treffen, in welcher Weise der Geschäftserfolg vom Wissenskapital beeinflusst wird und welche Maßnahmen zu ergreifen sind, um die Realisation des Geschäftsziels zu erreichen. Hierbei sind detailliert die wechselseitigen Wirkungszusammenhänge von Einflussfaktoren zu identifizieren. Mittels Wirkungsstärken[170] und -zeiträumen[171] können den Zusammenhängen dabei besser Ausdruck verliehen werden. Zur Übersichtlichkeit bietet sich eine Matrix an, die die Einflussfaktoren gegenüber- und Wirkungszusammenhänge darstellt.

Im sechsten Schritt erfolgt die Auswertung und Interpretation aller vorangegangenen Phasen. Grafisch lassen sich die Informationen in einem sogenannten QQS-Portfolio oder – Balkendiagramm darstellen. Besonders interessant ist die grafische Darstellung der Verflechtungen von Einflussfaktoren untereinander einerseits und mit den Geschäftszielen andererseits. So lässt sich erkennen welcher Einflussfaktor zu steuern ist, um das angestrebte Ziel positiv zu beeinflussen oder welche Auswirkungen die Veränderungen eines Faktors auf einen anderen haben. Zudem können Stärken erkannt und weiter ausgebaut sowie Schwächen neutralisiert werden.

Schritt sieben beinhaltet die Umsetzung der Ergebnisse in konkrete Maßnahmen. Dabei gilt es zu klären, welche Auswirkungen einzelne Maßnahmen auf den Erfolg haben und wie hoch die erforderlichen Investitionen für die Durchführung sind. Für die Indikatoren müssen Sollwerte gebildet werden, um die Maßnahmenwirkung zu messen. Generell sollten erst die Maßnahmen umgesetzt werden, die das größte Entwicklungspotenzial mit sich führen.

Der letzte Schritt ist schließlich die Zusammenstellung der Wissensbilanz aus allen vorherigen Schritten und die sachgerechte Kommunikation mit den internen und externen Adressaten.

---

[170] Mitarbeiterschulungen haben bspw. einen hohen Einfluss auf den Innovationsprozess
[171] Zeitliche Diskrepanz, die zwischen der ausgeführten Maßnahme und ihrer Wirkung liegt

Die Methode Wissensbilanz – Made in Germany hat international große Erfolge errungen und wurde bereits als europäischer Best-Practice für KMU[172] von der EU im Ricardis Bericht[173] genannt.[174] Insgesamt tritt diese Methode auch als konsistenteste auf, da insbesondere eine detaillierte Beschreibung der Prozessschritte angegeben ist und versucht wird, möglichst alle geschäftsumfeldspezifischen Einwirkungen auf das Unternehmen zu berücksichtigen. Außerdem werden nicht nur potenzielle Auswirkungen von intellektuellem Kapital auf die Geschäftsprozesse und die Unternehmensstrategie in vollem Umfang analysiert und Werkzeuge vorgeschlagen, die Wissenskapital identifizieren und messbar machen, sondern auch komplexe wie einfache Zusammenhänge zwischen den Komponenten erschlossen. Daran anknüpfend ist die Prüfung bestehender Stärken und Schwächen eines Unternehmens genauso möglich wie Handlungsnotwendigkeiten zu erkennen. Die Entwicklung des intellektuellen Kapitals, die sogenannte Wissensstrategie, steht dabei deutlich im Vordergrund. Über die Einflussfaktoren und Bewertungsdimensionen werden die eruierten Kapitalkomponenten qualitativ wie quantitativ operationalisiert und undokumentiertes Wissen offengelegt. Das Wissensbilanzmodell folgt einer klaren Struktur und ist trotz seiner aufwendigen Erstellung sehr übersichtlich. Schwierig wird es nur dann, wenn einzelne Intangible Assets, wie z. B. das Kundenkapital, zu bewerten sind. In dem Fall würde die Anwendung der Methode den Rahmen der Wirtschaftlichkeit sprengen. Auch sind viele Indikatoren subjektiver Natur oder lassen sich nicht in absoluten Werten ausdrücken. Hier stößt also auch diese Methode an ihre Grenzen. Dennoch bietet sie insgesamt eine mehr als fundierte Grundlage für den weiteren konzeptionellen Aufbau eines Identifikations- und Bewertungssystems für immaterielle Vermögenswerte.

3.6 Value Chain Scoreboard

Das von *Baruch Lev*[175] 2001 veröffentlichte Value Chain Scoreboard (VCS) - mit einer Wertschöpfungskette identisch - versucht den Innovationsprozess, der durch Intangible Assets herbeigeführt wird, durch ein Informationssystem sukzessive zu identifizieren und jedem Prozessschritt Teilprozesse zuzuordnen, die mit mehreren Indikatoren versehen

---

[172] Kleine und mittlere Unternehmen
[173] **R**eporting **I**ntellectual **C**apital to **A**ugment **R**esearch, **D**evelopment and **I**nnovation in SMEs (KMU). Expertengruppe, die von der Europäischen Kommission 2006 eingesetzt wurde, um den Begriff des intellektuellen Kapitals zu definieren.
[174] Vgl. BMWi (2008), S. 53
[175] Vgl. Lev (2001)

werden.[176] Dabei weist *Lev* auf folgendes hin: „There are three major nexuses of intangibles, distinguished by their relation to the generator of the assets: discovery, organizational practices, and human resources"[177]. Der Innovationsprozess lässt sich dabei entsprechend dem Entwicklungszyklus in drei Phasen unterteilen, nämlich in „entdecken /lernen" (discovering and learning), implementieren (implementation) und vermarkten (commercialization).[178] Diese Phasen werden entscheidend von den untereinander bestehenden Verknüpfungen der Intangibles beeinflusst (siehe obiges Zitat). *Lev* gibt darüber hinaus Kriterien für die angewandten Messgrößen vor, die nach seiner Meinung eingehalten werden sollten.[179] Darunter fällt zum einen, dass sie überwiegend quantitativer Natur sein müssen und weitestgehend standardisiert sind, um unternehmensübergreifende Vergleiche anstellen zu können. Im Falle der Aufnahme qualitativer Messgrößen sind diese im separaten Anhang der Scoreboard auszuweisen.[180] Zuletzt sollten die Messgrößen empirisch fundiert sein, demnach eine eindeutige, nicht widersprüchliche Verbindung zu den Indikatoren haben.[181] Abbildung 11 zeigt den Modellaufbau des Value Chain Scoreboards.

In der Phase "entdecken und lernen" unterscheidet *Lev* zwischen interner Umstrukturierung, erworbenen Fähigkeiten und bestehenden Netzwerken und konstatiert diese als Hauptressourcen für die Generierung neuer Ideen, die in Produkte, Services und Prozesse umgesetzt werden können.[182] Die Phase der „Implementierung" beinhaltet die Umsetzung (Transformation) der Ideen zu arbeitsfähigen Produkten, Dienstleistungen und Prozessen, also Gütern, mit denen aktiv wirtschaftlicher Mehrwert geschaffen wird.

Das mit der Idee im Rahmen des Innovationsprozesses behaftete Risiko wird in dieser Phase weitestgehend reduziert, da die bereitgestellten Indikatoren eine recht genaue Wertermittlung ausweisen können.

---

[176] Vgl. Fandel et al. (2004), S. 567
[177] Vgl. Lev (2001), S. 6
[178] Vgl. Müller. In: Hinterhuber et al. (2006), S. 21; Holsapple (2004), S. 262
[179] Vgl. Lev (2001), S. 115
[180] Vgl. Holsapple (2004), S. 262
[181] Vgl. ebd.
[182] Vgl. Fandel et al. (2004), S. 567

Discovery and learning	Implementation	Commercialization
1. Internal renewal • Research and development • Work force training and development • Organizational capital, processes **2. Acquiered capabilities** • Technology purchase • Spillover utilization • Capital expenditures **3. Networking** • R&D alliance and joint ventures • Supplier and costomer integration • Communities of practice	**4. Intellectual property** • Patents, trademarks, and copyrights • Licensing agreements • Coded know-how **5. Technological feasibility** • Technology purchase • Spillover utilization • Capital expenditures **6. Internet** • Threshold traffic • Online purchases • Major Internet alliances	**7. Customers** • Marketing alliances • Brand values • Customer churn and value **8. Performance** • Revenues, earnings, and market share • Inovation revenues • Patent and know-how royalties • Knowledge earnings and assets **9. Growth prospects** • Product pipeline and lunch dates • Expected efficiencies and savings • Planned initiatives • Expected breakeven and cash burn rate

Abbildung 11: Das Value Chain Scoreboard nach Lev[183]

So besteht die Möglichkeit des Benchmarks für ein selbsterstelltes Patent und den Wert der am Markt gehandelten, gleichartigen Patente als Maßstab zu nehmen. Zudem ist das errungene Wissen unter Umständen auf andere Innovationen übertragbar, sodass künftig im Vorfeld eine exaktere Prognose der zukünftigen, mit der Innovation erzielten Gewinne möglich ist, bevor man sich für die Umsetzung einer Idee entscheidet. Die Phase der Vermarktung zeigt schließlich den finanziellen Erfolg der Innovation vergangenheitsorientiert und schätzt gleichermaßen zukünftige Erträge.[184] Insbesondere ist hier dem Punkt der *Performance* Beachtung zu schenken. Erzielt das Unternehmen hohe Lizenzentgelte durch ihre angemeldeten Patente, so ist dies ein Indikator für die Souveränität im Bereich der Forschung und Entwicklung, was womöglich zu einer höheren Marktbewertung des Unternehmens führt.[185]

Für die Entscheidungsfindung des Managements ist es hilfreich die VCS anzuwenden, wenn es darum geht zu bewerten, ob eine Idee das notwendige Potenzial mitbringt sie umzusetzen. Auch gibt sie Aufschluss darüber, welche Prozesse an der Innovationsschaffung beteiligt sind und auf welche man sich im Speziellen konzentrieren sollte. Gerade im Hinblick auf das externe Reporting können mit diesem Modell weiche Faktoren kommuniziert

---

[183] Vgl. Lev (2001), S. 111; übernommen von Kasperzak/Brösel (2004), S. 315
[184] Vgl. Fandel et al. (2004), S. 568
[185] Vgl. Lev (2001), S. 116

und ein Zukunftsausblick des Unternehmens gegeben werden, wie es sich vermutlich in den kommenden Jahren entwickelt. Letztlich, als wohl bedeutendster Aspekt, lassen sich Ursache-Wirkungs-Zusammenhänge, wie schon bei der Balanced Scorecard, zwischen den Prozessen und den verwendeten Ressourcen erkennen sowie verständlich darstellen. Leider fehlt es auch hier an adäquaten Indikatoren für ein qualitatives Messsystem, sodass von einer unvollständigen Abdeckung immaterieller Werttreiber auszugehen ist.

3.7 Intellectual Capital Audit

Der Intellectual Capital Audit (ICA) von *Annie Brooking*[186], die 10 Jahre CEO bei dem Unternehmen Technology Broker war, ist ein eher extern ausgerichtetes Verfahren zur Identifikation von Intellectual Capital.[187] Bestehend aus 20 Fragen wird durch das ICA im ersten Schritt versucht die Organisation dahingehend zu beurteilen, inwieweit Intellectual Capital vorhanden ist und ob die Notwendigkeit besteht, existierendes IC weiter auszubauen oder gar neues in solchen Bereichen zu schaffen, die bislang noch keines vorzuweisen haben.[188] Fragen zur Identifikation intellektuellen Kapitals könnten folgendermaßen formuliert sein[189]:

- Wird der Innovationsprozess im Unternehmen vorangetrieben und die Mitarbeiter dazu ermutigt, sich aktiv an diesem zu beteiligen?
- Haben die Mitarbeiter die Möglichkeiten, mit Vorschlägen zur Verbesserung des gesamten Geschäftsprozesses beizutragen?
- Ist der ROI an der Forschung und Entwicklung ausgerichtet und bewertet sich danach?

Ist nur ein Teil dieser Fragen zu beantworten, weist das auf ein Fehlen oder eine defizitäres Vorhandensein von IC hin. Als Ergebnis der Fragen wird ein Intellectual Capital Indicator gebildet, der repräsentativ für das gesamte Unternehmen gilt. Dabei interpretiert *Brooking* IC mit folgenden Komponenten[190]:

---

[186] Vgl. Brooking (1996)
[187] Vgl. Harrington/Voehl (2007), S. 22
[188] Vgl. Marr et al. (2004), S. 559
[189] Vgl. Bontis (2000), S. 11
[190] Vgl. ebd., S. 10

1. Market Assets: Organisationspotential durch marktbezogene Intangible Assets wie Marken, Kundenbestand und der damit korrelierende Backlog (Auftragsüberhang), Verträge, Lizenzen oder Distributionskanäle.

2. Human-centered Assets: Fachwissen, Kreativität und Fähigkeiten zur Problemlösung der Mitarbeiter sowie Führungsqualitäten des Managements.

3. Intellectual Property: Copyrights, Patente und sonstige Fähigkeiten, die unternehmensinterne Ressourcen wie Know-how, Betriebsgeheimnisse und Designrechte (Zeichen, Bilder, Marken) schützen.

4. Infrastructure Assets: Technologien, Methoden und Prozesse, die dem Unternehmen ermöglichen als Einheit zu funktionieren. Dazu gehören unter anderem Kommunikationssysteme, Risiko- und Frühwarnsysteme, die Informations- und Finanzstruktur, Datenbestände und die Unternehmenskultur.

In einem nächsten Schritt werden spezifische Fragen zu den Komponenten des IC gestellt, die obig beschrieben wurden. Insgesamt besteht dieser Fragenkatalog aus 178 Fragen und ist auf eben jene Variablen beziehungsweise Werttreiber ausgelegt, die einen Beitrag zum Aufbau intangibler Vermögensgegenstände in jedem der vorgestellten Bereiche leisten.[191] Nachdem sämtliche Fragen des Intellectual Capital Audit beantwortet wurden, erfolgt im letzten Schritt die Bewertung des IC mittels dem Cost-based, Market-based oder Income-based Approach.[192]

Die mit den Ansätzen verbundenen Nachteile wurden bereits im Unterkapital *Methoden der Unternehmensbewertung* angesprochen. Da die Fragen gesamtheitlich qualitativer Natur sind, fällt es schwer die Ergebnisse in eine monetäre Größe umzumünzen, zumal die Beantwortung und Auswertung der Fragen eher auf subjektive Aspekte fußt. Eben dieser Bewertungsprozess, der eine Überleitung von qualitativen Bezügen hin zu einer objektiven, monetären Größe ermöglichen soll, wird nur unzureichend erläutert, sodass eine konkrete Aussage zu der Genauigkeit des ermittelten Ergebnisses nicht gegeben ist. Darüber hinaus sind die Fragen weitestgehend standardisiert, was unter Umständen dazu führt, dass unternehmensspezifisches, individuelles IC während des Identifikationsprozesses unberücksichtigt bleibt. Bei Unternehmen, die in derselben Branche operieren und nahezu gleiche Strukturen aufweisen, lässt sich mit Hilfe des ICA vermutlich ein Vergleich intellektuellen

---

[191] Vgl. Bontis (2000), S. 11
[192] Vgl. Harrington/Voehl (2007), S. 22

Vermögens anstellen, der aber lediglich qualitative Aussagen trifft und keine absoluten Verhältnisse wiedergeben kann.

Nichtsdestotrotz kann dieser Ansatz Unternehmen dabei helfen, ihre immateriellen Werte zu identifizieren und lässt gleichermaßen bestehende Schwachstellen erkennen, auch wenn eine sachgerechte Bewertung der iVG außen vor bleibt.

4 Methoden und Instrumente zur Bewertung erfolgskritischer Ressourcen

4.1 Kosten- und renditeorientierte Bewertungsansätze

4.1.1 Bewertung nach verschiedenen Kostenansätzen

Die Hauptproblematik der Bewertung immateriellen Vermögens liegt in der genauen Abgrenzung und Verteilung des Periodenerfolges auf eben nur jene Positionen, die auch dem immateriellen Vermögen zuzuordnen sind. Oftmals verhält es sich aber so, dass eine exakte Trennung des Geschäftserfolges für einzelne iVG nicht vorgenommen werden kann, wie zum Beispiel bei der Ermittlung des mit einer Marke erzielten Periodengewinns, da entweder mehrere Vermögenspositionen in direktem Zusammenhang mit dem Erfolg stehen, oder Kennzahlensysteme zur Bewertung qualitativer Größen fehlen (siehe vorheriges Hauptkapitel). Nichtsdestotrotz haben sich in der Praxis einige Messinstrumente herausgebildet, die sich auch auf immaterielle Ressourcen anwenden lassen.

An den Cost Approach anknüpfend[193] ist es denkbar den Wert eines immateriellen Gutes anhand seiner Herstellungskosten zu ermitteln. Dabei sind nach HGB beziehungsweise IFRS einige Vorschriften zu beachten.[194] Die nachfolgende Rechnung soll exemplarisch die Wertermittlung auf Basis der Herstellkosten erläutern.

---

[193] Vgl. Kapitel 2.1.3.2
[194] Vgl. Kapitel 2.2.4

Bewertung einer selbsterstellten Software der Pejora GmbH

Anteilige Entwicklungskosten

Lizenzentgelte	40 Tsd. €
Miete & Strom	6 Tsd. €
Löhne & Gehälter	300 Tsd. €
Summe Entwicklungskosten	**346 Tsd. €**

Einzelkosten der Herstellung

Materialeinzelkosten	15 Tsd. €
Fertigungseinzelkosten	10 Tsd. €
Sonderkosten der Fertigung	500 €
Summe der Einzelkosten	**25,5 Tsd. €**

Gemeinkosten der Herstellung

Materialgemeinkosten	4 Tsd. €
Fertigungsgemeinkosten	3 Tsd. €
Summe der Gemeinkosten	**7 Tsd. €**
Herstellungskosten (gesamt)	**378.500 €**

Diese Rechnung ist für externe Zwecke entsprechend den Rechnungslegungsvorschriften erstellt. So werden beispielsweise kalkulatorische Kosten, wie u. a. kalkulatorische Zinsen oder Wagnisse, nicht in die Berechnung mit aufgenommen.

Neben den bilanzierungsfähigen Herstellungskosten können auch die Anschaffungskosten angesetzt werden. Bei Erwerb eines Patentes mit Anschaffungskosten in Höhe von 80.000 Euro würden diese voll aktivierungsfähig sein und in die Bilanz eingehen. Schwieriger ist es hingegen zeitlich bedingte Wertänderungen zu berücksichtigen. Eine anzuwendende Methode ist die der Ermittlung der Wiederbeschaffungskosten. In dem Fall würde man für die Bewertung des immateriellen Vermögensgegenstandes ein am Markt erhältliches (gehandeltes) und vergleichbares Äquivalent suchen und dessen Wert ansetzen. Allerdings dürfte das Vorfinden eines solchen Vermögensgegenstandes in gleicher Qualität und Güte eher die Ausnahme darstellen, zumal eine exakte Wertermittlung des Vermögensgegenstandes kaum vorzunehmen ist.

Wie sich zeigt, sind die kostenorientierten Ansätze zur Bewertung immateriellen Vermögens eher ungeeignet und kaum repräsentativ, um den tatsächlichen Vermögenswert abzubilden. Außerdem greifen die Berechnungsmethoden auf vergangenheitsbasierte Daten zurück und berücksichtigen keine künftigen Erfolgspotenziale. Eben diese sind aber von entscheidender Bedeutung, wenn man sich beispielsweise den Zweck von Unternehmens-akquisitionen vor Augen führt, die nur dann getätigt werden, wenn von einer nachträgli-chen Wertsteigerung auszugehen ist.

4.1.2 Return on Assets-Modelle

Die renditeorientierten Bewertungsmethoden stellen Erfolgsgrößen ins Verhältnis zum eingesetzten Kapital, auf dessen Prinzip beispielsweise auch der EVA aufbaut.[195] Die zwei bekanntesten Vertreter dieser Modelle sind der Return on Capital Employed (ROCE) und der Return on Invested Capital (ROIC), die von ihrem Wesen her dasselbe zum Ausdruck bringen:

$$ROCE = \frac{EBIT}{CapitalEmployed} \qquad bzw. \qquad ROIC = \frac{NOPAT}{InvestedCapital}$$

Für beide Kennzahlen wird mit dem EBIT beziehungsweise NOPAT[196] eine Gewinngröße im Zähler verwendet. Das Capital Employed beziehungsweise Invested Capital stellt das Gesamtvermögen abzüglich nicht zinstragender Verbindlichkeiten dar[197], welches einge-setzt wurde um den korrespondierenden Gewinn zu erwirtschaften. Entsprechend wird das Gesamtvermögen zu Beginn des Geschäftsjahres genommen, da es die respektive Investi-tionsbasis für die im Jahr erzielten Gewinne darstellt. Die Durchführung eines separaten Investitionsprojektes ist allerdings von der oben beschriebenen Investitionsbasis zu unter-scheiden.

Die dem Return on Investment (ROI) sehr ähnliche Verfahrensweise ist die des ROA in folgender Ausprägung:

$$Return\ on\ Assets = \frac{Erlöse}{Gesamtvermögen} * \frac{ATCF}{Erlöse}$$

ATCF ist nach *Fields* der „After-Tax Cashflow", berechnet aus dem Nettogewinn (net in-come) nach Steuern, wobei Aufwendungen für Abschreibungen wieder hinzugerechnet

---

[195] Vgl. Zehetner/Prange. In: Hinterhuber et al. (2006), S. 489
[196] Zur Berechnung des NOPAT siehe das Unterkapitel zu den erfolgsorientierten Bewertungsansätzen
[197] Vgl. Jürgen/Schäffer (2011), S. 174

wurden.[198] Dementsprechend sind auch die zinsgebundenen Ein- und Auszahlungen enthalten.[199] Das Gesamtvermögen bildet die Summe der Aktiva, wobei das anteilige Gemeinschaftseigentum (common property), wie z. B. bei gemeinsamer Nutzung einer Lagerhalle, nicht in die Rechnung mit aufzunehmen ist.[200] Der erste Ausdruck (Quotient) der Formel stellt den Kapitalumschlag (asset turnover) dar, der zweite die Gewinnmarge (margin). Zum selben Ergebnis würde man auch gelangen, wenn der After-Tax Cashflow direkt ins Verhältnis zum Gesamtvermögen gebracht wird.

Daneben gibt es noch unzählige weitere renditeorientierte Kennzahlen, wie den Return on Net Assets (RONA), den Return on Sales (ROS) oder den Return on Assets Managed (ROAM), um einige zu nennen.[201]

Die Schwierigkeit besteht allerdings fortwährend, dass Erfolgsgrößen wie der Gewinn auf Grund der mangelnden Separierbarkeit einzelner immaterieller Komponenten nicht zuzuordnen sind, sodass eine getrennte Bewertung vorgenommen werden könnte. Außerdem stellen die ROA-Modelle lediglich Verhältniszahlen dar und messen keine absoluten Beträge, sodass streng genommen keine monetäre Bewertung erfolgt. Aus diesen Gründen eignen sich die renditeorientierten Bewertungsmethoden weniger für eine kritische Bewertung nicht-physischen Vermögens.

4.2 Erfolgsorientierte Bewertungsansätze

4.2.1 Economic Value Added und Market Value Added

Der Economic Value Added (EVA) sowie der Market Value Added (MVA) sind auf Grund ihrer Wertorientierung bei den erfolgsorientierten Verfahren einzuordnen.

Der EVA als erste hier vorgestellte erfolgsorientierte Kennzahl entspricht dem periodenbasierten Residualgewinn des Unternehmens.[202] Da das buchhalterisch ermittelte Betriebsergebnis herangezogen wird, bezieht sich diese Performance-Kennzahl auf in der Vergangenheit liegende Periodenerfolgsgrößen.[203] Ermitteln lässt sich der EVA unter anderem aus der Differenz zwischen dem Net Operating Profit After Taxes (NOPAT) (operativer Ge-

---

[198] Vgl. Fields (2011), S. 146f.
[199] Vgl. Jürgen/Schäffer (2011), S. 174
[200] Vgl. Fields (2011), S. 148
[201] Vgl. Preißler (2008), S. 95ff.
[202] Vgl. Weber/Schäffer (2011), S. 180
[203] Vgl. Küpper (2008), S. 280

winn vor Kapitalkosten[204] und nach Steuern) und dem mit dem eingesetzten Kapital verbundenen Kapitalkosten.[205] Die Ausgangsgröße bildet dafür das EBIT[206] (bzw. der Operating Profit[207]), von dem die zahlungswirksamen Unternehmenssteuern abzuziehen sind.[208] Der auf diesem Wege ermittelte NOPAT kann nun ins Verhältnis zum eingesetzten Kapital gebracht werden, das aus den Buchwerten des Sachanlage- und Umlaufvermögens abzüglich des unverzinslichen Fremdkapitals, dem sogenannten *Abzugskapital[209]*, besteht.[210] Man spricht hier auch von dem „verzinslichen betriebsnotwendigen Vermögen" (Capital Employed). Darunter fallen beispielsweise auch immaterielle Vermögenspositionen des Anlagevermögens. Der Quotient dieses Verhältnisses ist als Return On Capital Employed (ROCE) definiert.[211] Von diesem ist der am Markt orientierte, risikoangepasste Gesamtkapitalkostensatz (WACC[212]) abzuziehen und die Differenz mit dem Capital Employed zu multiplizieren.[213] Der auf dem Capital Asset Pricing Modell (CAPM) basierende WACC[214] als unternehmensspezifisch „gewichteter Durchschnittszins aus Eigen- und Fremdkapitalkosten"[215] lässt sich wie folgt ermitteln:

Eigenkapitalkostensatz:

$k_{EK} = r_{risikolos} + ß * (r_{Marktportfolio} - r_{risikolos})$

Fremdkapitalkostensatz:

$k_{FK} = r_{FK} * (1-s)$

→ $WACC = EK / (EK + FK) * k_{EK} + FK / (EK + FK) * k_{FK}$

wobei:

k_{EK} = Eigenkapitalkostensatz	$r_{risikolos}$ = risikofreie Vermögensanlage
k_{EK} = Fremdkapitalkostensatz	ß = Risikofaktor des Unternehmens
EK/(EK+FK) = Eigenkapitalquote zu Marktwerten	$r_{Marktportfolio}$ = Rendite des Marktportfolios
FK/(EK+FK) = Fremdkapitalquote zu Marktwerten	s = unternehmensspezifischer Steuersatz

---

[204] Beinhalten die Zinskosten des eingesetzten Eigen- und Fremdkapitals. Bei Eigenkapitalzinsen spricht man auch von Opportunitätskosten.
[205] Vgl. Küpper (2008), S. 280; Weber/Schäffer (2011), S. 180
[206] Earnings Before Interest and Taxes
[207] Vgl. Gladen (2011), S. 139
[208] Vgl. ebd.
[209] Dazu gehören u. a. Lieferantenverbindlichkeiten oder Kundenanzahlungen
[210] Vgl. Küpper (2008), S. 280; Weber/Schäffer (2011), S. 180
[211] siehe vorheriges Kapitel
[212] Weighted Average of Capital Cost
[213] Vgl. Weber/Schäffer (2011), S. 180
[214] Vgl. Gladen (2011), S. 121; Weber/Schäffer (2011), S. 177; Reichmann (2011), S. 101ff.
[215] Weber/Schäffer (2011), S. 177

r_{FK} = marktorientierter Zinssatz des Fremdkapitals

$r_{FK} * (1-s)$ = Fremdkapitalzinssatz um Tax Shield[216] reduziert

Unter Einbezug des WACC ergeben sich für den EVA folgende Berechnungsweisen:

EVA = NOPAT – WACC * Capital Employed

oder = (ROCE – WACC) * Capital Employed

oder = $[(\dfrac{NOPAT}{CapitalEmployed}) - WACC]$ * Capital Employed

Der in der letzten Berechnungsformel in rechteckigen Klammern gesetzte Ausdruck stellt den *Spread*, also die Differenz zwischen Gesamtkapitalrendite und Gesamtkapitalkosten dar. Ist der errechnete EVA positiv, dann wurden die gesamten Kapitalkosten gedeckt, die sogenannte *Hurdle rate*[217] (Mindestrendite) genommen, und eine echte Unternehmenswertsteigerung herbeigeführt.

Das Capital Employed sowie der NOPAT sind aus dem externen Rechnungswesen generierte Größen und „spiegeln nicht die ökonomische Realität konkret wider".[218] Um diese Verzerrungen der wirtschaftlichen Leistungsfähigkeit des Unternehmens zu beseitigen, sind verschiedene Korrekturen, sogenannte *Conversions*, vorzunehmen, die sich auf die Bereiche Betrieb, Finanzierung, Shareholder und Steuern beziehen.[219] Insgesamt werden 164 solcher *Conversions* vorgeschlagen, wobei man sich auf Grund der Handhabbarkeit auf einige wenige beschränken sollte.[220]

Für die Berechnung des periodischen Wertbeitrages von immateriellen Vermögensgegenständen wäre es denkbar, den Anteil der iVG prozentual, auf Grundlage von Erfahrungen oder vergangenen Messwerten, festzulegen und den Residualgewinn des Geschäftsjahres auf diese Prozentgröße umzulegen. Würde man davon ausgehen, dass 40% des Periodenerfolges immateriellen Vermögensgegenständen zuzuschreiben ist und sich der EVA auf 5 Millionen Euro beliefe, so würde dies zu einem Periodenergebnis von 2 Millionen Euro führen, die alleinig den immateriellen Werten des Unternehmens zuzurechnen wären.

---

[216] Höhe des Steuervorteils, der den Unternehmenswert durch Berücksichtung von u. a. Zinsaufwand oder Rückstellungen erhöht

[217] Vgl. Gladen (2011), S. 139

[218] Vgl. Hirsch (2007), S. 28

[219] Vgl. ebd., S. 28f.

[220] Vgl. Weber/Schäffer (2011), S. 180

MVA

Die Bewertungsmethode des Market Value Added basiert auf der Idee, den generierten Kapitalmehrwert seit der Unternehmensgründung, also die über das eingesetzte Kapital erzielte Wertsteigerung, zeitpunktbezogen sowie marktgerichtet zu ermitteln. Ein positiver MVA kennzeichnet dabei ein effizient geführtes Management, dass die knappen Ressourcen in Form von Eigenkapital erfolgreich zur Unternehmenswertsteigerung einsetzt und welches dadurch gleichermaßen stark an die Erwartungen der Aktionäre geknüpft ist.[221] Der MVA als zukunftsorientierte Ertragswertmethode lässt sich dabei auf zwei Arten berechnen, wobei zunächst auf die Barwertermittlung prognostizierter periodischer EVA eingegangen wird (Vgl. Unterkapitel 2.1.3.2).[222] Obwohl der MVA für eine ganzheitliche Betrachtung des Unternehmenswertes genutzt wird, kann er dennoch Aufschluss über den Wertanteil immateriellen Vermögens geben. In der Abbildung 12 ist das Prinzip des MVA dargestellt. Die zukünftigen Wertbeiträge der periodischen EVA werden mit einem Diskontierungsfaktor - üblicherweise der WACC -auf den Barwert abgezinst und aufaddiert.

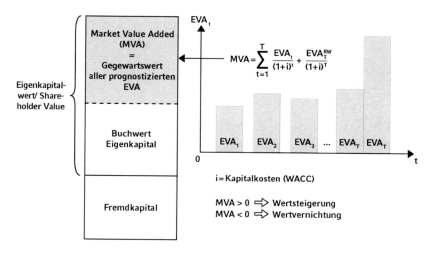

Abbildung 12: Unternehmensbewertung auf Basis des MVA[223]

---

[221] Vgl. Bragg (2012), S. 138; Gundel (2012), S. 40
[222] Vgl. Brigham/Houston (2012), S. 77
[223] modifiziert nach Hahn/Taylor (2006), S. 122

Die Abbildung entspricht der geplanten Marktwertsteigerung des Eigenkapitals durch zukünftige EVA, wobei sich die Formel aus folgenden Bestandteilen zusammensetzt:

$$\sum_{t=1}^{T} \frac{EVA_t}{(1+i)^t} = \text{Summe aller diskontierten periodischen EVA}$$

$$\frac{EVA_T^{RW}}{(1+i)^T} = \text{Barwert der ewigen Rente fortgeführter EVA}$$

wobei:

t = Periode   i = Kalkulationszins (WACC)

T = letzte Periode des Planungszeitraums   RW = Restwert

Diese voraussichtliche Wertsteigerung ergibt, zusammen mit dem Buchwert des Eigenkapitals, den gesamten Eigenkapitalwert beziehungsweise Shareholder Value. Auf Gesamtunternehmensebene betrachtet würde der Unternehmenswert (UW) wie folgt resultieren[224]:

UW = bilanzielles Vermögen + MVA

Der MVA entspricht nach *Gladen* den immateriellen Ressourcen, da der Unterschiedsbetrag zwischen dem Marktwert und dem bilanziellen Buchwert die nicht bilanzierten Ressourcen widerspiegelt.[225] In einer Vielzahl der Fälle ist die Unternehmenswertsteigerung tatsächlich auf immaterielle Ressourcen zurückzuführen. Der Marktwert von Coca-Cola lag zum Beispiel im Jahr 2011 etwa 74 Milliarden US-\$ über dem Bilanzwert, wodurch das investierte Kapitel nahezu verdoppelt wurde (Vgl. Unterkapitel 2.2.1). Aber auch die Informationsstruktur, das vorhandene Wissen und die Fähigkeit der effizienten Strategieumsetzung (Managementleistung) sind Treiber des Unternehmenswertes. Diese Komponenten können natürlich nur in einem ganzheitlichen System funktionieren, dass sich ebenfalls aus materiellen Ressourcen wie Maschinen oder Gebäuden zusammensetzt. Daher kann gesagt werden, dass der Unternehmenswert, anhand des MVA ermittelt, zum überwiegenden Teil von immateriellen Ressourcen geprägt ist, aber erst der effiziente Einsatz aller Ressourcen einen echten Mehrwert generieren kann. Insofern entspricht der MVA den immateriellen Ressourcen.

---

[224] Vgl. Gladen (2011), S. 134
[225] Vgl. ebd.

Ex post lässt sich der MVA als Differenz zwischen dem Marktwert (Börsenkapitalisierung) des Unternehmens und seines bilanziellen Vermögens berechnen (siehe hierzu auch Market-to-Book-Ratio)[226], wobei in beiden Fällen das Fremdkapital mit hinzugerechnet werden sollte, da es mitunter die Investitionsbasis für künftige Erträge bildet. Die mit dem Marktwert verbundenen Volatilitäten resultieren aus den zukünftigen Erwartungen des Kapitalmarktes an die Leistungsfähigkeit des Unternehmens, wie eingangs erläutert. So wird beispielsweise der Trend der wirtschaftlichen Leistung des Unternehmens über die letzten Jahre herangezogen, um Prognosen für die Zukunft zu stellen. War es in der Vergangenheit möglich den Unternehmenswert kontinuierlich zu steigern, dann führt dies in aller Regel zu einer höheren Bewertung des Börsenkurses, wodurch dieser tendenziell geringeren Schwankungen unterliegt.

Daneben besteht die Möglichkeit dass Marktwachstum (g) für den Restwert (RW) mit einzubeziehen, um positive oder negative Marktentwicklungen zu berücksichtigen.[227] Obwohl diese Verfahrensweise oftmals praktiziert wird, birgt sie doch einige Schwachstellen, die in der abschließenden kritischen Würdigung der erfolgsorientierten Ansätze kurz angesprochen werden.

4.2.2 Free Cashflow

Neben der Methode des MVA auf Basis von Erträgen kann der Erfolg einer Investition auch mittels der ihm zuzuordnenden Zahlungsüberschüsse, den sogenannten Free Cashflows (FCF), bestimmt werden. Diese Verfahrenstechnik ist daher vorteilhaft, weil sie absolute Beträge ausweist, die dem Unternehmen nach Abzug aller betrieblich bedingten Ein- und Auszahlungen, z. B. aus Investitionstätigkeiten, frei zur Verfügung stehen. Dabei lässt sich der FCF wie folgt berechnen[228]:

---

[226] Vgl. Gundel (2012), S. 41; Egger (2006), S. 14
[227] Für die Integration des Marktwachstums als weiteren Parameter siehe Kapitel 4.5.1
[228] Vgl. Ziegenbein (2007), S. 119

	Gewinn			Brutto Cashflow
+	Zinsen		-	Ersatzinvestitionen
=	**EBIT**		-	Steuerzahlungen
+	Abschreibungen		=	**Operating Cashflow**
=	**EBDIT**[229]		-	Erweiterungsinvestitionen
+/-	Veränderungen langfristiger		-	Erhöhung des Working Capital[230]
	Rückstellungen		=	**Free Cashflow**
=	**Brutto Cashflow**			

Als Prämisse wird eine vollständige Eigenfinanzierung vorausgesetzt, da die Kosten für das Fremdkapital mit dem WACC abgegolten sind.[231] Die geplanten periodischen FCF werden, wie bei der Berechnung des MVA, mit dem WACC zum Barwert diskontiert (einschließlich des Restwerts fortgeführter Cashflows). Für den Unternehmenswert ist letztlich noch das nicht betriebsnotwendige Vermögen hinzuzurechnen.

Die erfolgsorientierten Bewertungsansätze haben den Vorteil, dass sie den Wert immateriellen Vermögens auf Basis zukünftiger Erträge oder Zahlungsüberschüssen bestimmen, sodass Sie ein genaueres Bild der Wirklichkeit abgeben als andere Methoden der Theorie und Praxis. Obwohl der vergangenheitsbasierte EVA anfälliger gegenüber bilanziellen Manipulationen ist, eignet er sich auf Grund seiner einfachen Herleitung trotzdem für die Berechnung immateriellen Kapitals, sofern dieses anteilsmäßig zu bestimmen ist. Zudem ist die einfache Kommunizierbarkeit der Ansätze auf allen Unternehmensebenen von Vorteil, um das Bewusstsein des Managements und der Mitarbeiter für die wertorientierte Strategie zu sensibilisieren. Mittels dem NOPAT, dem investiertem Kapital oder dem WACC lassen sich die Wirkungshebel für den unternehmerischen Erfolg anhand weniger Kenngrößen simplifizieren, die Zusammenhänge verständlich darstellen und selbst verschiedene Unternehmensbereiche miteinander vergleichen. Eine Steigerung des Net Operating Profit unter gleichzeitiger Reduktion des investierten Kapitals ist nur ein simples Beispiel, wie der periodische Erfolg maximiert werden kann. Ein weiterer Vorteil ist die explizite Berücksichtigung der mit dem eingesetzten Vermögen korrespondierenden Kapitalkosten, die oftmals komplett vernachlässigt werden, obwohl eben diese die angestrebte Mindestverzinsung über die gegebene Laufzeit widerspiegeln. Durch die marktgerichtete Herleitung der

---

[229] Earnings Before Depreciation, Interest and Taxes
[230] Netto-Umlaufvermögen: Berechnet aus dem Umlaufvermögen (einschl. aktive latente Steuern) abzüglich aller kurzfristigen Verbindlichkeiten (u. a. auch unverzinsliches Abzugskapital); Vgl. Ziegenbein (2007), S. 98
[231] Vgl. Stiefl/Von Westerholt (2008), S. 29

Kapitalkosten und Marktwachstumsraten versuchen diese Methoden darüber hinaus ansatzweise unternehmensexterne Faktoren mit einzubeziehen.

Dennoch ist die Prognose zukünftiger Erträge beziehungsweise Cashflows recht vage, da für mehrere Perioden im Voraus zu planen ist. Das Verhalten von Konkurrenten oder die Inflationsrate werden beispielsweise gar nicht mit ins Kalkül aufgenommen. Auch ist die Genauigkeit des prognostizierten Marktwachstums für solch einen langen Zeitraum mehr als fragwürdig, zumal die Prämisse besteht, dass das Marktwachstum konstant ist und keinen Schwankungen unterliegt. Allgemein sind die Cashflow-basierten Methoden denen der erfolgsorientierten Verfahren vorzuziehen, weil sich Zahlungsüberschüsse den Manipulationen von bilanziellen Wahlrechten und/oder Conversions weitestgehend entziehen. Zudem unterliegen der MVA und FCF der Prämisse, dass eine getätigte Investition irreversibel ist, sodass zukünftige Entscheidungsspielräume unberücksichtigt bleiben.[232]

4.3 Marktorientierte Bewertungsansätze

4.3.1 Market-to-Book Value / Ratio

Die einfachste Methode zur Bestimmung des wertmäßigen Anteils unternehmenseigener immaterieller Vermögensgegenstände ist die Bildung der Differenz zwischen dem Markt- und Buchwert des Eigenkapitals.[233] Da der Marktwert zumeist über dem Buchwert liegt, wird die Differenz dem immateriellen Kapital zugeschrieben.[234] Dabei kann der Buchwert aus der Bilanz und der Marktwert durch die Kumulation der emittierten Aktien zum tagesbezogenen Börsenkurs ermittelt werden. Der Vorteil liegt in der Berechnung eines absoluten Wertes, der den Wert der Intangibles beziffert, weiterhin in der Verständlichkeit der Verfahrensweise selbst. Die Methode ist allerdings mit einigen negativen Aspekten behaftet, so beispielsweise durch Veränderungen des Börsenkurses auf Grund von Spekulationen beziehungsweise konjunkturellen Einflüssen oder durch ausgeübte Ansatz- und Bewertungswahlrechte in der Bilanzierung materieller wie immaterieller Ressourcen.[235] Die so herbeigeführten Veränderungen des Markt- oder Buchwertes korrelieren in keiner Weise mit dem tatsächlichen Wert des immateriellen Kapitals und würden letztlich zu einem falschen wertmäßigen Ausweis führen. Zudem besitzt der auf diesem Wege errechnete Wertanteil für sich allein genommen wenig Aussagekraft. Ferner müsste man über einen

---

[232] Vgl. Kantowski (2011), S. 63
[233] Vgl. Reimsbach (2011), S. 33f.
[234] Vgl. Lehner (2009), S. 203
[235] Vgl. ebd.

internen (mit periodisierten Referenzwerten der letzten Jahre) oder externen (Benchmark) Vergleich feststellen, ab wann der Differenzbetrag als hoch oder niedrig einzustufen ist. Nach dieser Feststellung besteht immer noch die Problematik, dass keine einzelnen Bewertungen von immateriellen Komponenten vorliegen, sondern nur deren Summe. Das wirft Schwierigkeiten bei der Identifikation und Steuerung von jenen immateriellen Vermögenswerten auf, die vergleichsweise unterentwickelt sind. Eine konkrete Handlungsvorgabe wird mit dieser Methode daher nicht erreicht.

Um die Aussagekraft zu verbessern, wird in der Literatur vorgeschlagen das Verhältnis von Markt- zu Buchwert heranzuziehen. Mittels diesem Quotienten lassen sich Aussagen darüber treffen, wie sich das immaterielle Vermögen über die Zeit hinweg entwickelt hat. In Folge ist eine bessere Vergleichbarkeit mit Wettbewerbern gegeben.[236] Die einzige Voraussetzung für die Rechenbarkeit dieser Methode ist die Börsennotierung des Unternehmens.[237] Liegt keine Börsennotierung vor, so besteht möglicherweise die Durchführung eines Vergleiches mit einem identischen Unternehmen derselben Branche, sodass dessen Marktwert herangezogen werden könnte. Allerdings gelten die gleichen negativen Einflüsse wie bei der Markt-Buchwert-Differenz, sodass selbst eine Kombination aus beiden Ansätzen nicht zielführend wäre.

4.3.2 Tobins'q

Der aus der Investitionstheorie bekannte Tobins'q[238] (Tobins Quotient) ist, ähnlich wie beim Market-to-Book Ratio, der Quotient aus dem Marktwert des Unternehmens (Gesamtkapital[239]) und den Wiederbeschaffungskosten der Vermögensgegenstände (gleich dem Buchwert).[240] Dabei ist es möglich einzelne Vermögensgegenstände oder ganze Organisationsteile zu messen. Fällt dabei der Tobins'q < 1 aus, ist der Marktwert niedriger als die Wiederbeschaffungskosten und somit der Anteil immateriellen Vermögens verhältnismäßig geringer ausgeprägt, sodass dies ein Indiz dafür sein kann, mehr in diese Ressourcen zu investieren.[241] In umgekehrter Weise (q > 1) lässt sich die Aussage treffen: wenn der Marktwert größer als der Wiederbeschaffungswert des eingesetzten Kapitals ist, haben vergangene Investitionen in Intangible Assets zu einer Unternehmenswertsteigerung ge-

---

[236] Vgl. Stewart (1998), S. 219f.; Reimsbach (2011), S. 32
[237] Scholz, Christian et al. (2011), S. 61
[238] Vgl. Tobin, James (1969)
[239] Vgl. Reimsbach (2011), S. 35f.
[240] Vgl. Gladen (2011), S. 133
[241] Vgl. ebd.

führt. Das investierte Kapital für immaterielles Vermögen - beispielsweise in das Wissen von Mitarbeitern - hat demnach zur effektiveren Nutzung der materiellen Ressourcen geführt.

Ursprünglich nicht für die Messung intellektuellen Kapitals vorgesehen, kann diese Methode durchaus dafür genutzt werden, obwohl grundlegende Probleme der Praktikabilität bestehen.[242] Erstens ist die Identifikation der Wiederbeschaffungskosten einzelner Vermögensgegenstände oder als Summe am Markt in vielen Fällen unmöglich und oder nur mit sehr hohem Aufwand verbunden.[243] Zudem gibt das Verfahren keinen Anhaltspunkt, wie hoch die zu tätigenden Investitionen in immaterielle Vermögenswerte sein müssen um einen bestimmten Mehrwert zu generieren, sondern hat lediglich einen richtungweisenden Charakter. Dieser kann darin bestehen Aussagen darüber treffen zu können, ob in diese erfolgskritischen Ressourcen weiter investiert werden sollte (q > 1) oder nicht (q < 1).

4.4 Kombinierte Bewertungsansätze

4.4.1 Value Added Intellectual Coefficient (VAIC)

Der von *Ante Pulic* stammende VAIC[244] misst die Effizienz des eingesetzten Intellektuellen Kapitals im Unternehmen und beschreibt den Prozess des Wertbeitrages durch die Ressource Wissen.[245] *Firer* und *Williams* beschreiben den VAIC „as an analytical procedure designed to enable management, shareholders and other relevant stakeholders to effectively monitor and evaluate the efficiency of Value Added by a firm's total resources and each major resource component"[246]. Dieser besteht aus folgenden drei Indikatoren[247]:

Value Added Capital Coefficient (VACA): Indikator für die Wertbeitragseffizienz des Capital Employed

Value Added Human Capital (VAHU): Indikator für die Wertbeitragseffizienz des Human Capital

Structural Capital Value Added (STVA): Indikator für die Wertbeitragseffizienz des Structural Capital

---

[242] Vgl. Klug (2010), S. 29
[243] Vgl. Knieps (2005), S. 57f.
[244] Vgl. Pulic (2000)
[245] Vgl. Information Ressources Management Association (2012), S. 2455
[246] Firer/Williams (2003), S. 9
[247] Vgl. ebd. (sinngemäß geben die nachfolgenden Erläuterungen in chronologischer Reihenfolge den Inhalt der Publikation wieder und sollen hier nicht durchgängig mit Fußnoten belegt werden)

Aus den drei Indikatoren lässt sich die nachstehende Grundformel aufstellen:

$$VAIC = VACA + VAHU + STVA$$

Um die einzelnen Terme berechnen zu können, wird zunächst der Value Added für das gesamte Unternehmen bestimmt:

$$VA = I + DP + D + T + M + R$$

wobei: I = Zinsaufwendungen   T = Unternehmenssteuern

         DP = Abschreibungen   M = Anteil am Jahresüberschuss, der auf Minderheitsaktionäre

         D = Dividenden   entfällt

         R = thesaurierte Gewinne

Einfachheitshalber lässt sich der Value Added auch über die folgende Formel errechnen, wobei der Output (Out) für die Umsatzerlöse und der Input (In) für die Kosten stehen[248]:

$$VA = Out - In$$

Der Value Added Capital Coefficient ist das Verhältnis des Value Added zum Capital Employed[249] und daher wie folgt bestimmt:

$$VACA = \frac{VA}{CA}$$

Für die Berechnung des Value Added Human Capital werden die Lohn- und Gehaltskosten (HC) des Unternehmens für die betrachtete Periode aufsummiert und als Divisor zum Value Added gesetzt:

$$VAHU = \frac{VA}{HC}$$

Das Structural Capital (SC) ergibt sich aus der Differenz des Value Added zu den Gesamt

---

[248] Vgl. Scholz (2011), S. 184
[249] hier: bilanziertes Eigenkapital

kosten der Löhne und Gehälter (HC), welches für die Berechnung des Structural Capital Value Added folgendermaßen Verwendung findet:

$$STVA = \frac{SC}{VA}$$

Je höher der VAIC ausfällt, desto größer ist die Effizienz der vom Unternehmen eingesetzten Ressourcen. *Firer* und *Williams* heben hervor, das andere Intellectual Capital Messmethoden signifikante Nachteile aufweisen, von denen der VAIC nicht betroffen ist.[250] Darunter zählt z. B. die Tatsache, dass in einigen Berechnungen nicht-monetäre Kennzahlen integriert sind, die durch ihre Subjektivität die Aussagekraft des Ergebnisses oftmals schwer nachvollziehbar machen. Zudem sind die meisten Kennzahlen nicht unternehmensübergreifend affin, sodass eine Vergleichbarkeit kaum möglich ist. Beim VAIC stammen die Dateninputs aus der Bilanz. Somit kann die Methode individuell von jedem Unternehmen kostengünstig in das bestehende Kennzahlensystem integriert und selbst durchgeführt werden. Weiterhin lassen sich die Terme auch, je nach Fokus der Untersuchung, separat verwenden. Ist ein Großteil des Intellectual Capital im Humankapital manifestiert, dann wird vermutlich dieser Quotient interessanter sein als beispielsweise der des Structural Capital. Die Wertbeitragseffizienz des Human- respektive Strukturkapitals als Rentabilitätskennzahlen eignen sich darüber hinaus auch für das externe Reporting, besonders da sich Geschäftseinheiten untereinander vergleichen lassen.

Dennoch sind die Kritikpunkte nicht zu vernachlässigen. So lassen sich zum Beispiel die Personalkosten nicht unbedingt mit dem Wissen gleichsetzen.[251] Steigen auf Grund von Mehrarbeit oder einer zu hoch gesetzten Personaldecke die Lohn- und Gehaltskosten, so verfügt das Unternehmen wohl kaum über mehr Wissen. Inwiefern die Kennzahlen individuell Handlungsrichtungen vorgeben oder die Entscheidungsfindung bezüglich des Investitionsbedarfs in intellektuelles Kapital unterstützen, ist fragwürdig. Der Value Added Intellectual Coefficient oder dessen Komponenten sind zweifelsohne interessante Kennzahlen zur Erweiterung und gegebenenfalls Verbesserung bestehender Messsysteme, für sich alleine genommen aber weniger hilfreich.

---

[250] Vgl. Firer/Williams (2003), S. 11
[251] Vgl. Bodrow/Bergmann (2003), S. 82

4.4.2 Intellectual Capital Earnings

Baruch Lev, bereits bei dem Value Chain Scoreboard aufgefallen, entwickelte eine Bewertungsmethode, die den erwirtschafteten betrieblichen Erfolg strikt zwischen Wissenskapital und bilanzierten Vermögensgegenständen trennt und versucht, eine verursachungsgerechte Zuteilung vorzunehmen.[252] Das Vorgehen erfolgt dabei in mehreren Schritten[253] und birgt Aspekte des einkommens- sowie marktorientierten Ansatzes.

Im ersten Schritt wird der Jahreserfolg der letzten drei Jahre sowie die prognostizierten Erträge der zukünftigen drei Jahre als Basis herangezogen und der Durchschnitt gebildet. Nachfolgend wird das bilanzierte finanzielle und physische Vermögen des Unternehmens festgestellt und beide entsprechend mit einem branchenüblichen Zinssatz, der den durchschnittlichen Nettoerfolg nach Steuern der Vermögenspositionen widerspiegelt, bewertet. *Lev* geht nun davon aus, dass derjenige Teil des durchschnittlichen Jahreserfolges, der nicht auf finanziellen und physischen Aktiva beruht, zwangsweise dem Intellectual Capital zuzuschreiben ist.[254] Diesen Erfolg bezeichnet er folgegemäß als Knowledge (Intellectual) Capital Earnings. Im letzten Schritt wird dieser Differenzbetrag mit einer „Knowledge Capital Discout Rate" abgezinst, um den Wert des immateriellen Vermögens festzustellen.[255] Um dieses Modell mit Leben zu füllen, wird die Berechnung anhand eines Zahlenbeispiels verdeutlicht.

ø 3-Jahreserfolg (Vergangenheit):   200 Mio. €
ø 3-Jahreserfolg (prognostiziert):   300 Mio. €
ø Jahreserfolg (gesamt):   250 Mio. €

Branchenspezifischer Zinssatz für finanzielle VG: 4,5 %
Branchenspezifischer Zinssatz für physische VG: 7 %

---

[252] Vgl. Salvendy (2012), S. 1127
[253] Vgl. Wall et al. (2004), S. 94
[254] Vgl. Wall et al. (2004), S. 94
[255] Vgl. Salvendy (2012), S. 1127; Für die Berechnung der Knowledge Capital Discount Rate siehe Wall et al. (2004), S. 94f.

Bilanziertes finanzielles Vermögen: 800 Mio. €

→ daraus ergibt sich ein zurechenbarer ø Jahreserfolg von **36** Mio €

Bilanziertes physisches Vermögen: 1200 Mio. €

→ daraus ergibt sich ein zurechenbarer ø Jahreserfolg von **84** Mio €

Knowledge Capital Earnings = ø Jahreserfolg$_{gesamt}$ - ø Jahreserfolg$_{Fin}$ - ø Jahreserfolg$_{Phy}$

$$= 250 \text{ Mio. } € - 36 \text{ Mio. } € - 84 \text{ Mio. } €$$

$$= \textbf{130 Mio. } €$$

Knowledge Capital Discount Rate: 10,5 %

$$\text{Knowledge Capital} = \frac{KnowledgeCapitalEarnings}{KnowledgeCapitalDiscountRate} = \frac{130 \text{ Mio } €}{0,105} = \textbf{1,238 Mrd. } €$$

Das Ergebnis sagt aus, dass 1,238 Milliarden Euro immaterielles Kapital im Unternehmen vorhanden sein muss, um 130 Millionen Euro als Jahreserfolg zu generieren. Dieser immaterielle Wert vermag spontan überdimensioniert erscheinen, doch entspricht er in dem Beispiel nicht einmal dem bilanzierten Vermögen, das zusammen 2 Milliarden Euro ergibt. Führt man sich den Marktwert der erfolgreichsten Unternehmen der Welt vor Augen, so besteht dieser zu einem Großteil aus immateriellem Vermögen. Der Konzernriese Apple Inc. hat z. B. erstmalig in diesem Jahr eine Marktkapitalisierung von 511 Milliarden Dollar erreicht[256], wohingegen sein Bilanzwert 2011 mit rund 116 Milliarden Dollar nicht einmal einem Viertel entspricht.[257]

Salvendy kritisiert die Methode dahingehend, dass Wertbeiträge aus Finanzanlagen diesen direkt und ohne Problematik zugeordnet werden können, anders als bei der Aufteilung der Erträge zwischen tangiblen und intangiblen Vermögenspositionen.[258] Weiterhin sagt er: „Using industry average return rates to attribute earnings to tangible assets does not allow for the significant possibility to tangible assets having little or no earnings potential".[259]

Die Anwendung dieser Methode für die Wertermittlung immateriellen Vermögens auf Gesamtunternehmensebene ist nicht vollkommen unumstritten. Dennoch ist es vorstellbar, dass bei Investitionsprojekten, wo die Ausgaben für materielle Ressourcen und die erwirtschafteten Erträge klar quantifizierbar sind, eine Bestimmung des Wertbeitrags durch Intel-

---

[256] Vgl. Spiegel Online Wirtschaft
[257] Vgl. FAZ: Börse & Anlage
[258] Vgl. Salvendy (2012), S. 1127
[259] Salvendy (2012), S. 1127

lectual Capital erfolgen kann. Dieser wiederum kann ins Verhältnis zur Markt-Buchwert-Differenz des Unternehmens gesetzt werden um festzustellen, wie hoch der wertmäßige Anteil immaterieller Ressourcen im durchgeführten Projekt war.[260]

4.4.3 Calculated Intangible Value

Der ursprünglich auf das Unternehmen NCI Research zurückzuführende Ansatz bewertet das immaterielle Vermögen des Unternehmens anhand eines Vergleiches der unternehmenseigenen Gesamtkapitalrendite mit der Rendite des Branchendurchschnittes.[261] Die Methode wäre daher, wie die des Intellectual Capital Earnings, sowohl den markt- als auch den erfolgsorientierten Ansätzen zuzuordnen, auch wenn eine stärkere Gewichtung auf letzterem beruht.

Als Ausgangspunkt dient der durchschnittliche Vorsteuergewinn der letzten drei Jahre, abhängig von der Stabilität der erwirtschafteten Erträge.[262] Anschließend betrachtet man den durchschnittlichen Wert der tangiblen Assets jeweils zum Jahresende für denselben zeitlichen Abschnitt. Aus den beiden Durchschnittswerten wird der Return On Assets (ROA) gebildet.[263] Für die Branche ist nun der durchschnittliche ROA der gewählten Perioden zu bestimmen. Um den erzielten Überschussbetrag des Unternehmens zu ermitteln, muss der branchenübliche ROA mit dem durchschnittlichen materiellen Vermögen multipliziert und das Produkt von dem durchschnittlichen Vorsteuergewinn abgezogen werden. Zieht man anschließend den durchschnittlichen Steuersatz der letzten drei Perioden heran und errechnet die auf den Überschussbetrag zu entrichteten Steuern, resultiert aus der Differenz die Prämie des immateriellen Vermögens. Im letzten Schritt wird diese Prämie mit einem geeigneten Kapitalkostensatz (WACC) diskontiert, um den Net Present Value zu erhalten.

---

[260] Beliefen sich die den intangiblen Assets zuordenbaren Erträge aus der Investition auf 65 GE und die Markt-Buchwert-Differenz des Unternehmens läge bei 300 GE, so würde dies folglich zu einer Differenz von 235 GE führen. Somit wäre es möglich, unter der Voraussetzung des Wissens welche immateriellen Ressourcen im Projekt involviert waren, den Wert aller übrigen iVG einzeln für das gesamte Unternehmen zu schätzen.
[261] Vgl. Klug (2010), S. 29
[262] Vgl. McClure (2010); Es ist davon abzuraten Perioden zu berücksichtigen, die eine deutliche Abweichung, z. B. aus konjunkturell bedingten Umständen, zum „normalen" Betriebsergebnis aufweisen, da sie die Genauigkeit des Gesamtergebnisses beeinflussen würden.
[263] Vgl. McClure (2010)

Um den Rechenweg nicht abstrakt dastehen zu lassen, wird in Anlehnung an *Scholz/Stein/Bechtel* der CIV exemplarisches für das Unternehmen Merck kalkuliert.[264]

ø Gewinn vor Steuern der letzten 3 Perioden: 4,346 Mrd. US-\$
ø Wert des materiellen Vermögens der letzten 3 Perioden: 13,892 Mrd. US-\$

ROA: $\dfrac{4,346 \text{ Mrd. US-\$}}{13,892 \text{ Mrd. US-\$}} = 0,3128 = 31,28\ \%$

ø ROA der Pharmaindustrie: 10 % = 0,10 [< 0,31]
Überschussbetrag: 4,346 Mrd. US-\$ - (0,10 * 13,892 Mrd. US-\$) = 2,9568 Mrd. US-\$
$\approx$ 2,96 Mrd. US-\$
ø Steuersatz der letzten 3 Perioden: 31 % = 0,31

Berechnung der Prämie: 2,96 Mrd. US-\$ - (0,31 * 2,96 Mrd. US-\$) = 2,0424 Mrd. US-\$
$\approx$ 2,04 Mrd. US-\$
Höhe des Kapitalkostensatzes: 15 % = 0,15

Net Present Value: $\dfrac{2,04 \text{ Mrd. US-\$}}{0,15} = 13,6$ Mrd. US-\$ $\rightarrow$ CIV = 13,6 Mrd. US-\$

Somit ergäbe sich für den Pharmakonzern Merck ein Calculated Intangible Value von 13,6 Milliarden US-\$, der dem immateriellen Vermögen monetär Ausdruck verleiht. Ein hoher oder steigender CIV steht demnach für Wettbewerbsvorteile, da die eigenen Ressourcen und Fähigkeiten besser eingesetzt wurden als von anderen Marktteilnehmern, was insbesondere auf die immateriellen Ressourcen zurückzuführen ist.[265]

Die Berechnung des CIV ist vielversprechend, da dem immateriellem Vermögen ein absolutes Ergebnis beigelegt wird und keine Verhältniszahl. Des Weiteren sind die Rechenschritte klar nachvollziehbar und einfach anzuwenden. Dennoch werden auch hier Buchwerte, ebenso wie Gewinne, von Wahlrechten in der Bilanzierung beeinflusst. Je nach Verfahrensweise in der Bilanzierung kann es zu Wertunterschieden oder, im schlimmsten Fall,

---

[264] Scholz et al. (2011), S. 153
[265] Scholz et al. (2011), S. 152

zu einer unrealistischen Abbildung des CIV kommen. Solange ein unverändertes Vorgehen in der Wertermittlung praktiziert wird, zum Beispiel unter Verwendung ausgewählter Conversions, sind zumindest die CIVs miteinander vergleichbar. Fraglich ist auch, ob sich der durchschnittliche ROA der Branche immer leicht identifizieren lässt. Für solche Branchen, in denen der Markt von starkem Wettbewerb durchdrungen ist, lässt sich der Durchschnitts-ROA leichter feststellen als für kleinere Märkte. Bei sehr diversifizierten Herstellern ist zudem die Frage zu stellen, welcher ROA überhaupt Verwendung finden sollte, wenn nicht nur das immaterielle Kapital einzelner Geschäftsbereiche zu ermitteln ist, sondern für das Unternehmen als Ganzes. Daneben gilt es noch zu klären wie zu verfahren wäre, wenn der unternehmenseigene ROA kleiner als der der Branche ist. In dem Fall würde sich ein negativer Überschussbetrag respektive CIV ergeben, dessen Interpretation und Aussagequalität eine gänzlich andere ist.

4.5   Bewertungsansätze einzelner immaterieller Vermögenswerte

4.5.1   Markenbewertungsmodell nach Interbrand

Den Wertbeitrag eines oder mehrerer Intangible Assets zu isolieren, das heißt ohne bestehende Verbundeffekte mit anderen Ressourcen festzustellen, ist oftmals mit großen Problemen behaftet. Auf dieser Bewertungslücke fundierend haben sich in der Praxis einige Ansätze herausgebildet, die sich für die Evaluation selektiver immaterieller Ressourcen eignen. Einer dieser Ansätze ist das Markenbewertungsmodell von Interbrand.

Der Zweck einer Markenbewertung ist vielschichtig. Gründe der Durchführung einer Bewertung sind unter anderem der Kauf, Verkauf oder die Fusion von Unternehmen(-steilen), die Vergabe von Markennutzungsrechten in Form von Lizenzen, als Informationsquelle für die externe Berichterstattung oder bei Schadensersatzforderungen im Falle einer Markenrechtsverletzung.[266] Der Markenwert definiert sich nach Interbrand als „der gegenwärtige Wert (Net Present Value) der zukünftigen Erträge, die der Eigentümer alleine durch die Marke erwirtschaftet"[267]. Die Berechnung des Markenwertes erfolgt in drei aufeinanderfolgenden Analyseschritten[268]:

---

[266] Vgl. Kartte, Dunja: Bewertung und Management von Marken. In: Hinterhuber et al. (2006), S. 475f.
[267] Interbrand Zintzmeyer und Lux (2005), S. 3
[268] Vgl. Interbrand: Best Global Brands

1. Finanzanalyse: Ermittlung des unter der Marke erzielten EVA für das jeweilige Geschäftssegment.

2. Nachfrageanalyse: Prozentuale Identifikation des Wertschöpfungsbeitrags der Marke über den Stellenwert im Kaufprozess (Role of Brand Index), der anteilig am EVA gemessen den Markenertrag ergibt.

3. Markenstärkeanalyse: Diskontierung der periodischen Markenerträge und der ewigen Rente (Residualwert) mit einem markenrisikoadäquaten Zinssatz (Brand Strength Discount Rate).

Zusammenfassend wird also der relative Anteil der Marke am Unternehmen bestimmt und der Wertbeitrag der Marke vom gesamten Unternehmenswert abgeleitet. Die Markenstärke kann hier als wichtigster Faktor genannt werden, da von ihr das Markenrisiko abhängt und sie den prognostizierten Wertbeitrag sowie den Diskontierungssatz bestimmt.[269] Neben dem von der Marke unabhängigen Marktrisiko (Dynamik des Marktes) sinkt das Risiko der Marke mit zunehmender Markenstärke, sodass gleichermaßen auch der ökonomische Wert (Höhe der Ertragsrealisierung) zunimmt. Die Abbildung 13 zeigt die Markenbewertung anhand einer beispielhaften Rechnung. Der Planungshorizont erstreckt sich auf fünf Perioden. Wie bereits in der Berechnung des EVA vorgestellt, werden vom EBIT die Steuern abgezogen und der NOPAT gebildet. Abzüglich der Kapitalkosten, hier mit 5 %, auf das investierte Vermögen (operatives Vermögen) ergibt sich ein Economic Value Added von 37 GE für die erste Planperiode. Anschließend wird mittels des Role of Brand Index der Marke 40 % des EVA als Ertrag zugerechnet.

---

[269] Vgl. Interbrand Zintzmeyer und Lux (2005), S. 9ff.

	Jahr 2002	2003	2004	2005	2006	2007	2008
Markenumsatz	440	480	500	520	550	580	620
Abzüge betriebsnotwendiger Kosten	(374)	(408)	(425)	(442)	(468)	(493)	(527)
EBIT	66	72	75	78	82	87	93
Steuerabzüge 33%	(22)	(24)	(25)	(26)	(27)	(29)	(31)
NOPAT	44	48	50	52	55	58	62
Operatives Vermögen	220	240	250	260	275	290	310
Abzüge Kapitalkosten 5%	(11)	(12)	(13)	(13)	(14)	(15)	(16)
Economic Value Added (EVA)	33	36	37	39	41	43	46
Role of Brand Index 40% (Markenerträge)	13	14	15	16	16	17	18
Diskontierrate 8%							
Diskontierfaktor			1,0	1,08	1,17	1,28	1,40	1,55
Diskontierte Markenerträge				14	14	13	12	12
Barwerte bis zum Jahr 2008			65				
Residualwert (Wachstum = 2%)			204				
Gegenwartswert des Markensegmentes			269,0				

Abbildung 13: Beispiel für die Markenbewertung[270]

Die Diskontierungsrate wird mit 8 % angesetzt, womit sich der diskontierte Markenertrag von 14 GE wie folgt ergibt:

$BW_1 = 15$ GE $* 1,08^{-1} = 13,89$ GE ≈ 14 GE

Alle kumulierten Barwerte ergeben einen Gesamtwert von 65 GE.

Der Residualwert ist hier unter Bezugnahme einer Wachstumsrate (g) berechnet. Die ursprüngliche Formel für den Barwert der ewigen Rente muss daher wie folgt erweitert werden:

$$\text{Residualwert} = \frac{EVA_T{}^{RW} * (1+i)^{-T}}{(i-g)}$$

Dies mit Zahlen gefüllt ergibt: $\text{Residualwert} = \dfrac{18GE * (1+0,08)^{-5}}{(0,08-0,02)} = 204,18$ GE ≈ 204 GE

Da bei dem Residualwert der Betrag fortgeführt wird der in dem Planungshorizont als letzter datiert ist, ist dementsprechend der Markenertrag der fünften Periode zu nehmen. Für

---

[270] Vgl. Interbrand Zintzmeyer und Lux (2005), S. 12

das obige Beispiel ergibt sich somit ein Gegenwartswert des beurteilten Marktsegmentes von 269 GE.

Im Fall einer getätigten Investition für die Erweiterung des Einzugsgebietes dieses Markensegments, zum Beispiel über eine Kommunikationsförderungsmaßnahme, müssen die mit der Investition verbundenen Ausgaben in der Periode, wo sie geleistet wurden, abgezogen werden. Im Umkehrschluss bedeutet dies, dass die Anfangsinvestition von dem ermittelten, kumulierten Barwert der Zahlungsüberschüsse zu subtrahieren ist, um den Gesamterfolg der Investition bewerten zu können.

4.5.2 Customer Lifetime Value (CLV)

Das Customer Capital ist eines der wenigen immateriellen Vermögensgegenstände, neben dem zuvor dargestellten Markenbewertungsmodell von Interbrand, welches vom Controlling aktiv bei dem Aufbau und der Pflege unterstützt, gesteuert und evaluiert werden kann. Auf strategischer Ebene ist die Steuerung der Kundenbeziehungen über die Kundenstruktur denkbar, operativ hingegen über den Kundenwert oder den Kundendeckungsbeitrag.[271] Unabhängig davon, ob nun ein einzelner Kunde oder der gesamte Kundenstamm (Customer Equity) bewertet wird, gilt es primär jene Kunden zu identifizieren, die den größten Wertbeitrag für das Unternehmen leisten und an diesen den Marketing-Mix[272] auszurichten.[273] Der CLV definiert sich dabei übersichtlich als „the expected value of the future relationship with a customer"[274] oder detaillierter als „the present value of all future profits achieved from a specific customer during the length of the customer's relationship with the organization"[275] Dabei ist nicht nur ausschließlich der unmittelbaren, derzeitigen Profitabilität (Net Present Value) eines Kunden Beachtung zu schenken, sondern auch seinen zukünftigen, aus der Geschäftsbeziehung resultierenden Erfolgpotenzialen.[276] Neben den unzähligen Kundenbewertungsmethoden (unter anderem ABC-Analyse, Scoring-Modelle, Kundenflussrechnung[277]) und deren Kategorisierungen[278] soll sich hier primär auf den CLV konzentriert werden. Dementsprechend lassen sich zwei Berechnungen aufstellen, die einerseits den Present CLV und andererseits den Potential CLV ermitteln. Um auf die bei-

---

[271] Vgl. Mödritscher/Mussnig. In: Hinterhuber et. al. (2006), S. 644
[272] Produkt-, Preis-, Kommunikations- und Distributionspolitik
[273] Vgl. Mödritscher (2008), S. 185
[274] Ryals (2008), S. 87
[275] Cravens et al. (2011), S. 324
[276] Vgl. Cravens et al. (2011), S. 324; Mödritscher/Mussnig. In: Hinterhuber et. al. (2006), S. 648
[277] Vgl. Michel/Pifko (2011), S. 30f.
[278] Vgl. Reinecke/Janz (2007), S. 424

den Berechnungsweisen genauer einzugehen, gilt es zunächst die allgemeine Herleitung des CLV zu erörtern, um die zuvor genannten Erweiterungen zu verstehen. Allgemein lässt sich der Customer Lifetime Value wie folgt berechnen[279]:

$$CLV = \sum_{t=0}^{t=n} \frac{e_t - a_t}{(1+i)^t}$$

wobei: e_t = (erwartete) Einnahmen aus der Geschäftsbeziehung in der Periode t

a_t = (erwartete) Ausgaben aus der Geschäftsbeziehung in der Periode t

i = Kalkulationszinsfuss

t = Periode

n = Dauer der Geschäftsbeziehung

Es ist auf Anhieb ersichtlich, dass dieses Verfahren auf der Kapitalwertmethode basiert, genau wie der FCF oder MVA. *Bruhn et al.*[280] erweitern den Grundgedanken des CLV, indem sie von Stückkosten statt Ausgaben und Produktpreisen statt Einnahmen sprechen sowie noch weitere Faktoren mit einbeziehen, die zu einer exakteren Ermittlung des Kundenwertes führen sollen. Zunächst ist der Potential CLV dargestellt:

$$CLV_{potential} = -I_0 + \sum_{t=0}^{t=n} x_t * (p - k) - M_t$$

wobei: I_0 = Akquisitionskosten im Zeitpunkt t_0

x_t = Abnahmeprognose im Jahr t

p = (kundenindividueller) Produktpreis

k = Stückkosten

M_t = kundenspezifische Marketingaufwendungen im Jahr t

Die Akquisitionskosten sind jene Ausgaben, die den Kunden zu einem Kaufabschluss bewegen, ihn also über das Produkt informieren und den Nutzen ersichtlich herausstellen. Auf diese Weise wird die kundenseitige Kaufentscheidung zu Gunsten des am Markt platzierten Produktes beeinflusst. Für die Abnahmeprognose können die erwarteten Produktkäufe pro Woche beziehungsweise Monat absolut oder in einem prozentualen Ausdruck dargestellt werden. Damit ein konstanter, also über den Zeitraum hinweg regelmäßiger

---

[279] Vgl. Mödritscher (2008), S. 188
[280] Vgl. Bruhn et al. (2000)

Produktverkauf stattfindet, sind Marketingaufwendungen zu tätigen, die die Kaufbereitschaft der Kunden fördert. Wenn nun obige Formel mit einem entsprechenden Kapitalkostensatz auf den Barwert diskontiert wird, erhält man den Present CLV:

$$CLV_{present} = -I_0 + \sum_{t=0}^{t=n} \frac{x_t * (p-k) - M_t}{(1+i)^t}$$

Der Kalkulationszinssatz stellt die Mindestverzinsung (Rendite) dar, die auch bei alternativer, risikoadäquater Anlage am Kapitalmarkt erreicht wird. Meistens wird dafür das Capital Asset Pricing Model herangezogen.

In vielen Modellen wird darüber hinaus eine sogenannte *Retention Rate* (Kundenbindungsrate) als Risikomaß für die Anbieter-Kunden-Beziehung berücksichtigt, die die wiederholte Kaufwahrscheinlichkeit ausdrückt.[281] Unter Verwendung dieser Retention Rate und dem Diskontierungsfaktor reduziert sich der CLV allerdings drastisch, sodass der berechnete Kundenwert unter Umständen zu Fehlentscheidungen führen kann, wenn die gewählten Prozentsätze zu hoch angesetzt werden und damit das Ergebnis verzerren. Einige Autoren integrieren zusätzlich qualitative Faktoren in ihre CLV-Modelle, die zum Beispiel Weiterempfehlungs- und Cross-Selling-Potenziale der Kunden zum Ausdruck bringen.[282] Auf Grund der vielen berücksichtigten Parameter, die die Komplexität des Kundenwertes weiter zunehmen lassen, schwindet gleichermaßen seine Aussagekraft, sodass fundierte Entscheidungen auf dessen Basis kaum noch vorzunehmen sind.

5 Praxisbeispiele zu immateriellem Vermögen

5.1 Studie zur Behandlung immateriellen Vermögens in der Praxis

Eine im Jahr 2008 von KPMG[283] durchgeführte Studie mit dem Titel *Patente, Marken, Verträge, Kundenbeziehungen – Werttreiber des 21. Jahrhunderts*[284] stellte die Bedeutung immaterieller Vermögensgegenstände für Unternehmen heraus und untersuchte, wie mit diesen Ressourcen intern gearbeitet wird. Aus diesem Grund wurde sich im Speziellen auf folgende Themen konzentriert[285]:

---

[281] Vgl. Lafleur (2010), S. 191
[282] Vgl. Heidemann et al. (2009), S. 15
[283] Eine der führenden Wirtschaftsprüfungs- und Beratungsunternehmen. In 152 Ländern weltweit präsent
[284] Vgl. KPMG (2008)
[285] Vgl. ebd., S. 7

- Bekanntheit und Häufigkeit des Vorkommens immaterieller Vermögenswerte
- Bewertungsansätze bzw. Bewertungsmethoden
- Steuerung immateriellen Vermögens
- Weitergehende Verwendung (z. B. als Sicherheit für Finanzanlagen).

Einen wesentlichen Grund für den Bedeutungszuwachs immaterieller Ressourcen sehen KPMG in ihrem „hohen Maß an Flexibilität", welche gerade im Zuge der auftrumpfenden Dienstleistungs- und Hochtechnologiegesellschaft „wesentlich zur Dynamisierung des Wettbewerbs" beitragen.[286] Als Paradebeispiel wird das von PPR im Jahr 2007 lancierte Übernahmeangebot an den Sportartikelhersteller PUMA genannt, dessen Wert sich auf rund 5,3 Milliarden Euro belief, wohingegen die bilanzierten Vermögenswerte von PUMA gerade einmal 1,8 Milliarden Euro betrugen. Diesen intrinsischen, nicht bilanzierten Unternehmenswerten werden in einer Gegenüberstellung von Markenwerten vier ausgewählter Unternehmen zu ihrer Marktkapitalsierung in einem Zeitraum von sechs Jahren Rechnung getragen. Das Ergebnis zeigt sich in Abbildung 14. Erstaunlich ist hier die exorbitante Zunahme der Marktkapitalisierung im Verhältnis zum eher geringeren Zuwachs des Markenwertes über die betrachteten sechs Jahre. So schaffte es zum Beispiel Hewlett-Packard seinen Marktwert[287] um circa 194 % zu steigern, wohingegen der Markenwert lediglich um 23 % anstieg. Mit Ausnahme von BMW ist die Marktkapitalisierung der betrachteten Unternehmen weniger auf den Markenwert, sondern vielmehr auf andere immaterielle Vermögenswerte zurückzuführen.

---

[286] Vgl. ebd., S. 9
[287] Stichtagsbezogener Börsenkurs multipliziert mit der Anzahl emittierter Aktien

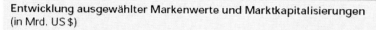

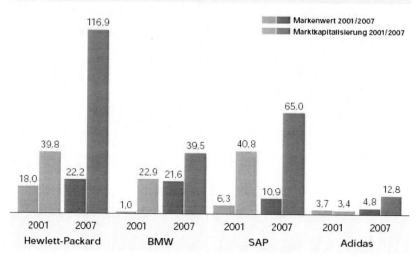

Abbildung 14: Entwicklung ausgewählter Markenwerte und Marktkapitalisierungen[288]

Viel erstaunlicher ist hingegen die 2007 durchgeführte Umfrage von KMPG, welche immateriellen Vermögenswerte in den befragten Unternehmen überhaupt bekannt sind und welche systematisch identifiziert und bilanziert werden.[289] Die Ergebnisse sind der Abbildung 15 zu entnehmen. So stellte sich heraus, dass bei mehr als 50 % der befragten Unternehmen sieben der zehn angeführten immateriellen Vermögenswerte bekannt waren und die Hälfte dieser Unternehmen eine systematische Identifikation vornahmen. Nicht einmal zehn Prozent[290] der identifizierten immateriellen Ressourcen fanden Einzug in die Bilanz. Dass Computersoftware und -lizenzen am häufigsten bilanziert werden, ist dabei weitaus weniger verwunderlich als die Tatsache der geringen Kenntnis über immaterielle Ressourcen, wie sie zum Beispiel patentierte Technologien darstellen.

---

[288] Vgl. KPMG (2008), S. 11; Der Markenwert entspricht der Berechnungsmethode von Interbrand (Unterkapitel 4.5.1)
[289] Vgl. ebd., S. 12
[290] Computersoftware und -lizenzen wurden nicht berücksichtigt.

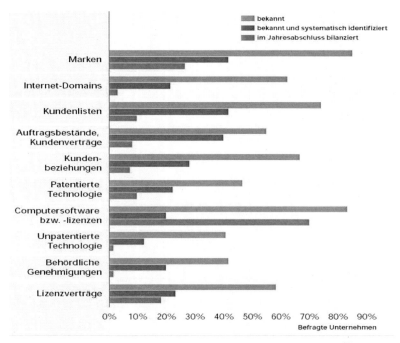

Abbildung 15: Immaterielle Vermögenswerte in Unternehmen[291]

Eine weitere von KPMG durchgeführte Umfrage zielte auf die Bewertungsmethoden für immaterielle Vermögenswerte ab.[292] Da sich diese Studie unter anderem mit der Bewertung von Patenten auseinandersetzte, wurde hier die Methode des „Relief from Royalty" von 10,8 % der Unternehmen als Bewertungsinstrument angegeben, wohingegen die Residualgewinnmethoden mit 6,2 % deutlich schlechter abschnitten. Tendenziell griffen 33,8 % der befragten Unternehmen auf vereinfachte Wertermittlungsmethoden zurück. Neben den zur Auswahl gestellten Methoden gaben 20 % sonstige Bewertungsverfahren - wie beispielsweise die Bewertung durch Anschaffungskosten - an. Viel alarmierender waren die rund 34 % der Unternehmen, die überhaupt keine Bewertung ihres immateriellen Vermögens vornahmen. Bei der Frage, welcher Bereich im Unternehmen die Entscheidungsbefugnis besitzt eine solche Bewertung durchzuführen, lagen das Controlling und Rechnungswesen deutlich an erster Stelle.[293]

Der Steuerung immaterieller Vermögenswerte kommt nach KPMG eine besondere Bedeutung zu, da mit dieser oftmals ein strategischer Charakter einhergeht und zum Aufbau ei-

---

[291] Vgl. KPMG (2008), S. 15
[292] Vgl. ebd., S. 16
[293] Vgl. ebd., S. 17

gener Wettbewerbsvorteile führen kann.[294] Darüber hinaus ist die Innovationsfähigkeit des Unternehmens stark von diesen Ressourcen geprägt. So nehmen beispielsweise 15,6 % der befragten Unternehmen die Werte immaterieller VG in ihre Kostenrechnung mit auf, knapp über 20 % nutzen diese für ihre betriebliche Steuerung.[295] Daher verwundert es nicht, dass Marken, Kundenbeziehungen und Lizenzverträge von den Unternehmen als die wichtigsten immateriellen Vermögenswerte betrachtet werden und die innerbetrieblichen Steuerungselemente eben auf diese ausgerichtet sind, wie zum Beispiel durch die Bewertung von Kundenlisten, Auftragsbeständen oder Kundenverträgen.[296] Vermutlich hängt es auch damit zusammen, dass eben diese Vermögensgegenstände am praktikabelsten zu messen und ohnehin bei einem Unternehmenskauf nach IFRS 3 zu bilanzieren sind.

Ein weiterer Indikator für die Bedeutung immaterieller VG am Gesamtvermögen ist die Ansicht von etwa einem Viertel der befragten Unternehmen, dass diese einen Anteil von 40 % oder mehr am Unternehmenswert ausmachen.[297] Mögliche Gründe für diese Auffassung liegen zum einen in der vermehrten Bilanzierung von über Transaktionen erworbenen iVG sowie dem stärker ausgeprägten Bewusstsein für solche nicht bilanzierten Werte.[298]

In über 70 % der Fälle liegt nach einer Umfrage die Entscheidungsbefugnis, ob Investitionen in immaterielle Vermögenswerte zu tätigen sind und die damit verbundene Steuerungshoheit, bei der obersten Geschäftsführungsebene.[299] Selbst die Verantwortung der Sicherheit der Vermögenswerte wird mit mehr als 45 % von der Unternehmensleitung getragen, wohingegen die Rechtsabteilung und das Rechnungswesen mit je 21,5 % teils partizipieren. Warum die Verantwortung und die dazugehörigen Kompetenzen für den Auf- und Ausbau immaterieller Werte kaum auf andere Unternehmensbereiche delegiert werden, hängt vermutlich mit der hohen Brisanz dieser Vermögenswerte selbst zusammen. Investitionen sind, gerade in immaterielle Werte, mit einem hohen Maß an Ungewissheit behaftet und entfalten ihr volles Potential oftmals erst über längere Distanz, weshalb sie als strategische Entscheidungen gelten (Vgl. Abbildung 2). Werden Investitionen an der falschen Stelle getätigt oder fällt der Mittelrückfluss geringer aus als erwartet, kann dies erhebliche Folgen für die Liquidität des Unternehmens haben. Auch muss eine permanente Erfolgskontrolle den laufenden Fortschritt der Umsetzung genau beobachten und dokumentieren, sodass mögliche Fehlentscheidungen antizipiert werden können. Da eben genannte Fakto-

---

[294] Vgl. KPMG (2008), S. 19
[295] Vgl. ebd., S. 19
[296] Vgl. ebd., S. 19
[297] Vgl. ebd., S. 21
[298] Vgl. ebd., S. 21
[299] Vgl. ebd., S. 23

ren in ihrer Dimension einen unmittelbaren Einfluss auf den Fortbestand des Unternehmens haben, obliegt es im Regelfall der Unternehmensleitung entsprechende Entscheidungen zu treffen und den Prozess zu steuern.

Als letzten Punkt der Studie wird die weitergehende Verwendung von immateriellen Vermögensgegenständen angesprochen. Neben der Möglichkeit des Einsatzes als Finanzierungsinstrument, wobei 62 % der befragten Unternehmen ihre nicht bilanzierten Vermögenswerte für separat veräußerbar halten, ist die Übertragung von Eigentumsrechten in Form von Leasing und Lizenzierung ein weiteres, attraktives Geschäftsmodell.[300] So gaben 43 % an immaterielle Vermögensgegenstände geleast oder ein Lizenzentgelt für die Nutzung gezahlt zu haben, 21 % lizenzieren ihre selbst erstellten VG sogar an Dritte. Im Rahmen der Unternehmensfinanzierung ist es denkbar, nicht bilanzierte VG als Besicherung von Krediten zu hinterlegen, sofern ein plausibler Wert beigelegt werden kann. Dazu gaben 25 % der befragten Unternehmen an, dass Banken immaterielle Vermögenswerte als Sicherheit akzeptierten und es bei 5 % sogar erwünscht war, iVG als Sicherheit zu stellen.[301] Der Entwicklungstrend, weg von materiellen und hin zu immateriellen Vermögenswerten, lässt sich schon seit einigen Jahren verfolgen und wird nochmals durch nachfolgende Abbildung bekräftigt.

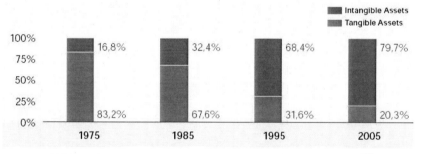

Abbildung 16: Anteil immaterieller Vermögenswerte am Marktwert S&P 500[302]

Der Standard & Poor's Aktienindex, der die 500 größten börsennotierten US-amerikanischen Unternehmen umfasst, zeigt in obiger Abbildung die Verteilung der Marktwerte tangibler und intangibler Assets über 30 Jahre. So hat sich auf dem amerikanischen Markt der Wert und somit die Bedeutung immateriellen Vermögens von 1975 bis 2005 nahezu umgekehrt. Wo Intangibles früher nur einen Bruchteil des Marktwertes aus-

---

[300] Vgl. KPMG (2008), S. 26
[301] Vgl. ebd., S. 26
[302] Vgl. ebd., S. 34

machten, sind sie um das Fünffache angewachsen und stellen für eine Vielzahl von Unternehmen auf dem amerikanischen Markt den Großteil des Unternehmenswertes dar. Es ist davon auszugehen, dass sich diese Entwicklung auch zukünftig weiter fortsetzt und im Zuge des stärkeren Bewusstseins für immaterielle Vermögenswerte und der Dringlichkeit, diese aktiv in die Unternehmensanalyse und letztlich in die Bilanzierung zu integrieren, sich auch die Unternehmensstrategie stärker an diesen Ressourcen ausrichten wird.

5.2 Ausgewählte Geschäftsberichte

5.2.1 EnBW AG

Der im vorherigen Unterkapitel aufgezeigte Trend lässt sich nachhaltig am besten an ausgewählten Geschäftsberichten erfolgreich geführter Unternehmen validieren. So wies die EnBW AG 2011 für ihre immateriellen Vermögensgegenstände einen bilanziellen Wert von 6,2 Millionen Euro aus, der rund drei Prozent des buchhalterischen Unternehmenswertes ausmachte.[303] Das mag in Anbetracht des geringen Verhältnisses von immateriellen zu materiellen Vermögensgegenständen wenig erscheinen, doch sollte man sich vor Augen führen, dass die EnBW AG als eine der führenden Energieversorgungsgesellschaften Deutschlands in geringerem Maße von intangiblem Vermögen abhängig ist als beispielsweise ein Modehersteller. Umso beachtenswerter sind demnach die Bemühungen zur Messung und Weiterentwicklung der Intangible Assets zu interpretieren, die seit 2005 mit in die externe Rechnungslegung aufgenommen wurden.[304] Das intellektuelle Kapital misst die EnBW mit der Methode *Wissensbilanz – Made in Germany* für das Human-, Beziehungs- und Strukturkapital.[305] Die Bewertung wird qualitativ im Zeitverlauf der letzten Jahre mit den Ausdrücken „befriedigend", „gut" und „sehr gut" vorgenommen, wobei konkrete Maßnahmen beschrieben werden, die zu der entsprechenden Entwicklung geführt haben. Einige exemplarische Maßnahmen waren die Förderung der Mitarbeitermotivation im Rahmen von Weiterbildungsmöglichkeiten, Mitarbeiterbefragungen oder der größeren Eigenverantwortung, die den Mitarbeitern zuteil wurde. Gerade im Bereich der Forschung und Entwicklung versucht die EnBW AG ihr Innovationspotenzial weiter auszuschöpfen. Mit einem Investitionsaufwand von mehr als 37 Millionen Euro (9 % Steigerung gegenüber dem Vorjahr) wurde unter der Nutzung von externem Know-how (Entwicklungs- und

---

[303] Geschäftsbericht EnBW (2011), S. 77
[304] Siehe hierzu auch das Unterkapitel Intellectual Capital Statement mit Verweis auf den EnBW GB
[305] Vgl. GB EnBW (2011), S. 86

Forschungskooperationen) aktive Forschungsarbeit im Umfeld der erneuerbaren Energien geleistet.

Auch das Thema Nachhaltigkeit wird explizit in den Geschäftsbericht aufgenommen.[306] Das Unterkapitel zur Erläuterung der Besonderheiten und Eigenschaften von Intangible Assets, im Speziellen die positiven Effekte einer ökologischen und sozialen Ausrichtung des Unternehmens, zeigte bereits exemplarisch den enormen Einfluss eines nachhaltigkeitsgeprägten Unternehmensleitbildes auf den finanziellen Erfolg. Energieversorger setzen nicht nur auf die Karte, ihr Angebot möglichst günstig am Markt zu platzieren, sondern versuchen sich darüber hinaus über den Aspekt der gesellschaftlichen Verantwortung für Mensch und Umwelt von der Konkurrenz zu differenzieren. Angenommen EnBW würde als einziger Energieversorger dieses Konzept der Nachhaltigkeit verfolgen und ökologisch effizient hergestellten Strom (über erneuerbare Energien) am Markt anbieten, so würde es folglich dazu führen, dass umweltbewusste Verbraucher, trotz eines relativ geringen Preises bei Drittanbietern, ihren Strom von der EnBW AG beziehen. Das Konzept der Nachhaltigkeit korreliert demnach positiv mit dem Image des Unternehmens, was zu einer höheren Preisbereitschaft der Endverbraucher führt und letztlich Wettbewerbsvorteile generiert.

5.2.2 Daimler AG

Brand Finance, eines der führenden Beratungsunternehmen für Markenbewertungen, veröffentlichte im März 2012 seine halbjährliche Studie über die wertvollsten 500 Marken weltweit.[307] Der Markenwert von Mercedes-Benz wurde dabei auf rund 20 Milliarden US-$ geschätzt und belegt damit Platz zwei der deutschen Automobilhersteller (Platz 26 im Global 500 Ranking).[308] Noch im Vorjahr war es um Mercedes besser bestellt, als die Marke um circa 1 Milliarde US-$ höher bewertet wurde und diese Tatsache zu einer besseren Platzierung führte (20. Rank). Im Gegenzug verbesserte sich Daimlers Brand Rating[309] um eine Stufe. Der Wert der Marke Daimler entspricht laut der Studie 25 % des gesamten Unternehmenswertes.

Der Daimler-Konzern hingegen wies in seinem Geschäftsbericht 2011 immaterielle Vermögenswerte in Höhe von rund 8,3 Milliarden Euro aus, die einen Anteil von ca. 5,6 % am

---

[306] Vgl. GB EnBW (2011), S. 80
[307] Vgl. Brand Finance: Brand Finance Global 500.
[308] Der Abbildung 19 im Anhang zu entnehmen. Vgl. Brand Finance: Brand Finance Global 500, S. 64
[309] Drückt die Stärke, das Risiko und das Potenzial einer Marke im Verhältnis zu Mitbewerbern aus. Konzeptionell vergleichbar mit einem Kredit-Rating.

Gesamtvermögen darstellten.[310] Die Bilanzierung von immateriellen Vermögenswerten erfolgt im Daimler-Konzern zu Anschaffungs- oder Herstellungskosten abzüglich kumulierter Abschreibungen.[311] Ein Impairment-Test wird erst dann vorgenommen, wenn es konkrete Anzeichen einer Wertminderung gibt. Ansonsten erfolgt eine lineare Abschreibung der Vermögensgegenstände, sofern eine zeitlich begrenzte Nutzungsdauer besteht.[312] Geschäftswerte und Entwicklungskosten für noch nicht beendete Projekte werden daher nicht planmäßig abgeschrieben.[313] In dem Geschäftsbericht werden unter der Position „übrige immaterielle Vermögenswerte" Markenzeichen mit einem Wert von 173 Millionen Euro (nicht ausschließlich den Marken zuzuordnen) ausgewiesen, die aus dem Segment Daimler Trucks stammen. Die Ausgaben für Investitionen in immaterielle Vermögenswerte betrugen im Jahr 2011 etwa 1,7 Milliarden Euro.[314] Ein wesentlicher Teil dürfte auf den Bereich der Antriebstechnologienentwicklung entfallen sein, da das Ziel des „emissionsfreien Fahrens"[315] einen festen Bestandteil im Nachhaltigkeitskonzept von Daimler bildet.[316] Insgesamt betrachtet lässt sich der Erfolg von Daimler überwiegend auf das mit der Marke verbundene Image zurückführen, was die Kaufentscheidung der Kunden positiv beeinflusst und diese gleichermaßen an den Hersteller bindet. Die herausragenden Kompetenzen im Bereich der Forschung und Entwicklung tun ihr übriges.

5.2.3 SAP AG

Die SAP AG, führender Hersteller von Unternehmenssoftware mit Stammsitz in Walldorf (Baden-Württemberg), weist in ihrem 2011 erschienenen Geschäftsbericht vorab qualitative Leistungskennzahlen aus, wie zum Beispiel Prozentangaben zum Mitarbeiterengagement und zur Mitarbeiterbindung, dem Gesundheitskulturindex im Betrieb als auch zur Kundenzufriedenheit (metrisch skaliert).[317] Von diesen Indikatoren lassen sich schon ansatzweise Rückschlüsse auf das vorhandene immaterielle Vermögen schließen. So entfallen rund 16.000 Mitarbeiter zum Jahresende auf den Bereich Forschung und Entwicklung, was einen Quotienten von 28,5 % in Relation zum gesamten Personalbestand ergibt. SAP

---

[310] Vgl. Geschäftsbericht Daimler AG (2011), S. 180
[311] Vgl. ebd., S. 188
[312] Vgl. ebd., S. 188
[313] Vgl. ebd., S. 200
[314] Vgl. ebd., S. 243
[315] Siehe dazu auch den Gedankengang zum veränderten ökologischen Bewusstsein der Verbraucher im Kapitel der Balanced Scorecard (Fußnote 112)
[316] Vgl. Daimler AG: Nachhaltigkeitsbericht (2011)
[317] Vgl. Geschäftsbericht der SAP AG (2011)

bestätigt ausdrücklich, dass „nicht bilanzierte (immaterielle) Vermögenswerte die Grundlage für den gegenwärtigen und zukünftigen Erfolg bilden".[318] Als Beweis führt SAP die Differenz zwischen der Marktkapitalisierung (50,2 Milliarden Euro) und dem Buchwert des bilanzierten Eigenkapitals (12,7 Milliarden Euro) an. Der Marktwert des Eigenkapitals liegt demnach 295 % über dem des Bilanzwertes. Zu den nicht-bilanzierungsfähigen immateriellen Vermögenswerten, die eben jene signifikante Differenz entstehen lassen, zählt SAP sein Kundenkapital in Form des Kundenstamms und der Kundenbeziehungen, die Mitarbeiter und deren Know-how, bestehende Partnernetzwerke, die selbst entwickelte Software und gehaltene Marken (insbesondere die Marke SAP selbst), die Unternehmensorganisation und nicht zuletzt die Innovationsfähigkeit. Nach dem Global 500 Bericht von *Brand Finance* belegt SAP mit einem Markenwert von neun Milliarden US-$ gerade einmal Platz 96 unter den weltweit wertvollsten Marken.[319] *Interbrand* hingegen sprach SAP bereits 2011 einen Markenwert von 14,5 Milliarden US-$ zu und platzierte die Marke auf Rang 24.[320] Unabhängig von der Markenbewertung kann unumstritten behauptet werden, dass SAP zu den erfolgreichsten deutschen Unternehmen zählt und auch weltweit zum führenden Anbieter von Unternehmenssoftware avancierte. Dieser Erfolg baut unter anderem primär auf den Forschungs- und Entwicklungstätigkeiten des Konzerns auf, was alleine im Jahr 2011 zu 756 Patentanmeldungen führte.[321] Die Entwicklung von innovativen kundenindividuell konzipierten Leistungsangeboten zur Problemlösung im Software-Bereich spiegelt dabei die Kernkompetenz von SAP wider. Der Ausbau des Partnernetzwerkes (11.000 Partner Ende 2011) im Rahmen des SAP PartnerEdge-Programms half darüber hinaus entscheidend bei der Entwicklung neuer Innovationen.[322] So belief sich die Summe wesentlicher immaterieller Vermögenswerte, bestehend aus erworbenen Technologien und Kundenbeziehungen, 2011 auf 1,621 Milliarden Euro, was zusammen mit dem bilanzierten Geschäfts- beziehungsweise Firmenwert insgesamt einen Nettobuchwert von 10,733 Milliarden Euro ergab.[323] Die Philosophie des Unternehmens im Sinne der Nachhaltigkeit zu agieren und sämtliche Ziele sowie Aktivitäten daran auszurichten, wird durch den 2011 publizierten Nachhaltigkeitsbericht verdeutlicht. Neben Maßnahmen zur Steigerung der Mitarbeiterbindung und der Kundenzufriedenheit fallen insbesondere die sozialen

---

[318] Vgl. GB SAP AG (2011), S. 131
[319] Der Abbildung 20 im Anhang zu entnehmen. Vgl. Brand Finance: Brand Finance Global 500, S. 66
[320] Vgl. Interbrand – Ranking of the Top 100 Brands (2011)
[321] Vgl. GB SAP AG (2011), S. 95
[322] Vgl. ebd., S. 96
[323] Vgl. ebd., S. 212 - 213

Investitionen für Projekte und Gemeinden ins Auge (16,1 Millionen Euro 2011), denen die Investitionen in erneuerbare Energien in nichts nachstehen.[324]

Durch die Strategie des kontinuierlichen Aufbaus und der Weiterentwicklung des Human-, Beziehungs- und Strukturkapitals, der effizienten Nutzung vorhandener Ressourcen zur Entwicklungen innovativer Leistungsangebote unter der Prämisse einer nachhaltigen Unternehmensführung, die eine soziale und ökologische Ausrichtung ganzheitlich berücksichtigt, gelang es SAP sich deutlich von einer Vielzahl konkurrierender Marktteilnehmer abzusetzen.

6 Kritische Würdigung und Zukunftsausblick

Dass immateriellen Vermögenswerten im Rahmen der Unternehmensbewertung eine zentrale Bedeutung zukommt, hat sich im Laufe dieser Arbeit als unumstrittene Tatsache herausgestellt. Vom ressourcenorientierten Ansatz aus betrachtet ist eine deutliche Verschiebung der Prioritäten in dem Ausmaß zu verzeichnen, dass materiellen Werten, zu Gunsten einer stärkeren Fokussierung auf immaterielle Komponenten, weniger Aufmerksamkeit geschenkt wird. Aufgabe der Unternehmensführung und der unterstützenden Instanzen, insbesondere des Controllings und Rechnungswesen, ist es daher, die vorhandenen immateriellen Vermögenswerte zu identifizieren und zielgerichtet im Sinne der Unternehmensstrategie zu nutzen. Erst durch den Aufbau, einer konsequenten Entwicklung und sachgerechten Betreuung dieser Vermögenswerte kann langfristig der Ertragswert gesteigert und nachhaltig erfolgreich am Markt agiert werden.

Bevor es zu einer aktiven Steuerung eben jener Vermögenswerte kommen kann, müssen diese zunächst identifiziert werden. Methoden wie die Balanced Scorecard, der Skandia Navigator und nicht zuletzt die Wissensbilanz liefern erfolgreiche Ideen und Ansätze zur Identifikation immateriellen Vermögens. Sie versuchen dabei auch immanente Synergieeffekte (Ursache-Wirkungs-Beziehungen) zu berücksichtigen sowie Stärken und Schwächen hervorzuheben, um den Identifikations- und Entscheidungsprozess katalysierend zu unterstützen. Damit anschließend die auf immateriellen Vermögenswerten aufbauende Strategie umgesetzt werden kann, bedarf es sowohl einer sachgerechten Dokumentation als auch der Bilanzierung vornehmlicher jener Vermögenswerte, von denen der Unternehmenserfolg am stärksten beeinflusst wird. Nationale wie internationale Rechnungslegungsvorschriften

---

[324] Vgl. SAP Sustainability Report (2011)

schließen allerdings die Aktivierung selbst erstellter immaterieller Vermögenswerte breit-flächig aus, sodass eine Aufnahme folglich nahezu ausgeschlossen ist. Lediglich Entwicklungskosten finden Einzug in die Bilanz, sofern eine strikte Trennung zu Forschungsaufwendungen erfolgt. Daneben besteht die Möglichkeit der Bilanzierung immateriellen Vermögens in Folge einer Unternehmensakquisition, wobei die nicht-physischen Komponenten des zugekauften Unternehmens erst einmal bewertet werden müssen. Vereinfachte Bewertungsmethoden wie die Markt-Buchwert-Differenz, die den überschüssigen, den Buchwert übersteigenden Anteil des Unternehmenswertes dem immateriellen Vermögen zuschreiben, sind gängige Vorgehensweisen in der Praxis, da es in der Regel keinen (Faktor-)Markt für immaterielle Güter gibt. Inwiefern eine auf diese Weise ermittelte Differenz den tatsächlichen Vermögenswert imaginärer Komponenten widerspiegelt, ist eher fragwürdig, zumal der Kaufpreis eines Unternehmens im großen Umfang auf subjektiver Ebene entschieden wird und der Marktwert börsennotierter Unternehmen Kursschwankungen unterliegt, die auf Spekulationen über die zukünftige Ertragslage des gegenwärtigen Unternehmens beruhen. Erfolgsorientierte Bewertungsansätze (MVA, FCF), die prognostizierte residuale Überschüsse ermitteln und auf diesem Weg den gegenwärtigen Unternehmenswert bestimmen, versuchen eben genannte Probleme zu umgehen. Vorhandene, vergangenheitsbasierte Informationen über die wirtschaftliche Leistung des Unternehmens werden ad hoc genutzt um die zukünftige Vermögenslage auf Grundlage von investiertem Kapital in Verbindung mit Managementqualitäten abzuschätzen. Kapital zu investieren birgt immer ein Risiko, weshalb eine geeignete Verzinsung erfolgen muss, um den Ansprüchen der Investoren gerecht zu werden. Um dieser Mindestverzinsung (hurdle rate) nachzukommen, müssen die periodischen Überschüsse neben der Rendite der Investition (Kapitalmehrwert) auch das Risiko zum Ausdruck bringen. Diesen Anforderungen kommt am ehesten der WACC nach, mit dem die prognostizierten Überschüsse auf den Barwert diskontiert werden. Wird somit durch die getätigte Investition ein die Mindestrendite übersteigender Überschuss erzielt, ist dieser aus der Existenz vorhandener immaterieller Vermögenswerte entsprungen, da der mit materiellen Vermögenswerten erwirtschaftete Gewinn gedanklich der marktüblichen Verzinsung entspricht. Auf Grund der Tatsache, dass die organisationsinterne Informationsbasis stets detaillierter ist als sie am Markt je sein kann, zum Beispiel durch mehrperiodische Kennzahlen oder der Dokumentation der Entwicklung von Werttreibern und Kompetenzen, lassen sich exaktere Prognosen über den zukünftigen Erfolg anstellen als ausschließlich auf Basis extern zur Verfügung gestellter Unternehmensdaten. Dagegen lassen sich einzelne iVG einfacher und zum Teil genauer bewerten als ihre Summe. Denkt man beispielsweise an Patente, Software oder Marken, so gibt es mehr validierte und allgemein akzeptierte Methoden, die zur Evaluierung herangezogen werden können, als beispielsweise zum Intellectual Capital (Wissen) des Unternehmens.

So steht es auch zur Diskussion, welche immateriellen, nicht bilanzierten Vermögenswerte überhaupt Einzug in die externe Berichterstattung, zum Beispiel über den Zusatzbericht, im Rahmen des Intellectual Capital Reporting finden sollten. Unternehmen, die bereits ihre immateriellen Komponenten für die breite Öffentlichkeit offengelegt haben, verpflichten sich indirekt zu einer kontinuierlichen Fortbewertung dieses Vermögens, auch wenn es zu massiven Wertrückgängen gekommen ist. Das ist einer der Gründe, warum viele Unternehmen keine monetäre Bewertung ihrer Marken in ihrem Reporting aufführen, da eine Minderung des Markenwertes höchstwahrscheinlich negative Auswirkungen auf den Unternehmenswert hat, wobei ein Rückgang des Aktienkurses oder der Verkauf von Unternehmensanteilen durch Investoren, wegen Spekulationen über die zukünftige Ertragskraft, als Folge des reduzierten Markenwertes nur einige Beispiele sind. Nichtsdestotrotz sollten in der externen Berichterstattung Aussagen zum im Unternehmen vorhandenen immateriellem Vermögen gemacht werden, auch wenn sie nur subjektiver sowie qualitativer Natur sind. Die Bedeutung von solchen Vermögenswerten dürfte auch weiterhin zunehmen, sodass ein Unterlassen der Bewertung den Argwohn der Investoren schürt und eine Differenzierung gegenüber der Konkurrenz nicht mehr allein über materielle Ressourcen zu erreichen ist. So liegen die erfolgskritischen Vermögenswerte beziehungsweise Werttreiber von EnBW in bestehenden Kundenbeziehungen, von SAP in dem vorhandenen Know-how zur Entwicklung innovativer Problemlösungen und bei Daimler in dem positiven Image der Marke, das wiederum maßgeblich zur Kundengewinnung und –bindung beiträgt.

Zusammenfassend lässt sich formulieren, dass es bisher noch kein Instrument respektive keine Methode zur Identifikation und Bewertung immaterieller Ressourcen gibt, die allen Aspekten im Rahmen einer ganzheitlichen Betrachtung vorhandener sowie potenzieller Vermögenswerte im Unternehmen gerecht wird. Dabei fällt es leichter immaterielles Vermögen in der Organisation ausfindig zu machen als dessen sachgerechte Bewertung, auch wenn sich nicht immer alle Interdependenzen zwischen erfolgskritischen immateriellen und materiellen Ressourcen abbilden lassen. Weil davon auszugehen ist, dass sich die Signifikanz der Bewertung immateriellen Vermögens auf Grund der zunehmenden Wertverschiebung zukünftig ausweiten wird, bleibt gespannt die Entwicklung und Evaluierung geeigneter Methoden zu verfolgen, sodass dieses Thema auch weiterhin im Fokus der Praxis verweilt.

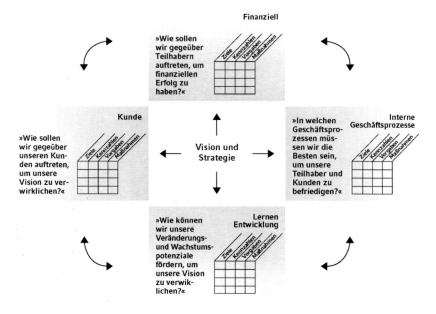

Abbildung 17: Die Balanced Scorecard in der originären Form

Rank 2012	Rank 2011	Brand	Industry	Domicile	Brand Value 2012	Brand Rating 2012	Enterprise Value 2012	Brand Value / Enterprise Value 2012 (%)	Brand Value 2011	Enterprise Value 2011	Brand Value / Enterprise Value 2011 (%)	Brand Rating 2011
1	8	Apple	Technology	United States	70,605	AAA+	350,257	20%	29,543	244,382	12%	AAA
2	1	Google	Technology	United States	47,463	AAA+	155,896	30%	44,294	143,016	31%	AAA+
3	2	Microsoft	Technology	United States	45,812	AAA+	165,151	28%	42,805	165,725	26%	AAA+
4	4	IBM	Technology	United States	39,135	AA+	241,208	16%	36,157	189,718	19%	AA+
5	3	Walmart	Retail	United States	38,319	AA	155,189	25%	36,220	154,325	23%	AA
6	18	Samsung	Miscellaneous Manufacture	South Korea	38,197	AAA-	199,331	19%	21,511	113,327	19%	AA+
7	7	General Electric	Miscellaneous Manufacture	United States	33,214	AA+	468,287	7%	30,504	475,066	6%	AA+
8	16	Coca Cola	Beverages	United States	31,082	AAA+	83,696	37%	25,807	69,508	37%	AAA+
9	5	Vodafone	Telecommunications	United Kingdom	30,044	AAA+	189,232	16%	30,674	192,456	16%	AAA+
10	32	Amazon	Technology	United States	28,665	AA+	94,398	30%	17,780	64,132	28%	AA
11	10	AT&T	Telecommunications	United States	28,379	AA+	235,495	12%	28,884	235,987	12%	AA+
12	12	Verizon	Telecommunications	United States	27,616	AA	203,306	14%	27,293	381,093	7%	AA
13	11	HSBC	Banks	United Kingdom	27,597	AAA	122,741	22%	27,632	171,163	16%	AAA
14	n/a	NTT	Miscellaneous Manufacture	Japan	26,324	AAA-	359,332	7%	26,927	275,617	10%	AA+
15	14	Toyota	Automobiles	Japan	24,461	AA	209,855	12%	26,152	204,864	13%	AA+
16	9	Wells Fargo	Banks	United States	23,229	AA+	133,473	17%	28,944	136,069	21%	AA+
17	6	Bank of America	Banks	United States	22,910	AA+	50,527	45%	34,076	133,551	26%	AAA-
18	17	McDonald's	Restaurants	United States	22,230	AAA	102,389	22%	21,842	89,595	24%	AAA
19	30	Shell	Oil&Gas	Netherlands	22,021	AAA-	238,670	9%	18,605	222,664	8%	AAA-
20	27	Intel	Technology	United States	21,908	AA+	113,435	19%	19,078	92,546	21%	AA+
21	13	HP	Technology	United States	21,707	AA+	54,464	40%	26,756	84,186	32%	AA+
22	23	BMW	Automobiles	Germany	21,262	AAA-	96,483	22%	20,157	92,873	22%	AA+
23	22	Home Depot	Retail	United States	20,902	AA-	62,521	33%	20,423	60,527	34%	AA-
24	19	Tesco	Retail	United Kingdom	20,051	AAA-	65,520	31%	21,129	69,868	30%	AAA
25	15	Santander	Banks	Spain	19,969	AAA	59,551	34%	26,150	100,281	26%	AAA

Abbildung 18: Die wertvollsten Marken der Welt (2012) (Platz 1 – 25)

Rank 2012	Rank 2011	Brand	Industry	Domicile	Brand Value 2012	Brand Rating 2012	Enterprise Value 2012	Brand Value/ Enterprise Value 2012 (%)	Brand Value 2011	Enterprise Value 2011	Brand Value/ Enterprise Value 2011 (%)	Brand Rating 2011
26	20	Mercedes-Benz	Automobiles	Germany	19,762	AAA-	79,821	25%	20,798	114,328	18%	AA
27	21	Mitsubishi	Miscellaneous Manufacture	Japan	19,488	AA	185,554	10%	20,473	195,041	10%	AA
28	26	Chase	Banks	United States	18,064	AA+	67,064	28%	19,150	90,089	21%	AA-
29	36	Citi	Banks	United States	18,639	AA+	63,133	30%	17,133	105,323	16%	AA
30	31	Nike	Apparel	United States	18,619	AAA	35,634	52%	18,437	31,590	58%	AAA
31	29	Orange	Telecommunications	France	18,557	AA+	96,884	19%	18,622	106,791	17%	AA+
32	46	American Express	Diversified Finan Services	United States	18,231	AAA-	53,475	34%	15,529	45,505	34%	AA
33	38	UPS	Transportation	United States	18,083	AA+	73,750	25%	17,012	73,300	23%	AA+
34	25	China Mobile	Telecommunications	Hong Kong	17,919	AA	148,323	12%	19,317	170,543	11%	AA
35	83	Volkswagen	Automobiles	Germany	17,758	AA	107,435	17%	12,705	82,447	15%	A+
36	40	Ford	Automobiles	United States	17,559	AA+	104,207	17%	16,662	108,342	15%	AA+
37	44	Chevron	Oil&Gas	United States	17,511	AA+	194,473	9%	16,265	169,618	10%	AA
38	n/a	Pepsi	Beverages	United States	17,096	AAA-	30,606	56%	14,363	30,018	48%	AA+
39	53	Oracle	Technology	United States	17,031	AA+	153,429	11%	14,602	134,787	11%	AA
40	n/a	BNP Paribas	Banks	France	16,809	AA+	42,347	40%	16,643	64,882	26%	AAA-
41	33	Nestlé	Food	Switzerland	16,661	AAA-	63,207	26%	17,455	66,288	26%	AA
42	62	GDF Suez	Utilities	France	16,598	AA	153,267	11%	12,902	132,442	10%	AA
43	55	ExxonMobil	Oil&Gas	United States	16,419	AAA-	297,853	6%	13,756	311,832	4%	AA+
44	54	Hitachi	Miscellaneous Manufacture	Japan	16,391	AA-	79,885	21%	14,503	50,569	29%	BBB
45	50	Tata	Miscellaneous Manufacture	India	16,343	AAA-	116,642	14%	15,087	103,721	15%	AAA-
46	39	Siemens	Miscellaneous Manufacture	Germany	16,320	AA+	98,674	17%	16,769	103,770	16%	AA+
47	28	Bradesco	Banks	Brazil	15,692	AAA-	55,368	28%	18,678	69,604	27%	AAA
48	37	China Construction Bank	Banks	China	15,464	AA	174,952	9%	17,092	205,564	8%	AA
49	178	Mitsui	Miscellaneous Manufacture	Japan	15,405	AA-	487,887	3%	5,551	56,337	10%	AA
50	47	Walt Disney	Media	United States	15,392	AAA	49,680	31%	15,424	52,049	30%	AAA+

Abbildung 19: Die wertvollsten Marken der Welt (2012) (Platz 26 – 50)

Rank 2012	Rank 2011	Brand	Industry	Domicile	Brand Value 2012	Brand Rating 2012	Enterprise Value 2012	Brand Value / Enterprise Value 2012 (%)	Brand Value 2011	Enterprise Value 2011	Brand Value / Enterprise Value 2011 (%)	Brand Rating 2011
76	96	Generali Group	Insurance	Italy	11,168	AA	27,358	41%	9,487	23,730	40%	AA
77	78	Allianz	Insurance	Germany	10,951	AA	50,932	22%	10,898	50,937	21%	AA
78	65	Sberbank	Banks	Russia	10,772	AA+	54,723	20%	12,012	64,329	19%	AA+
79	83	3M	Miscellaneous Manufacture	United States	10,717	AA+	56,690	19%	10,532	64,471	16%	AA+
80	87	KPMG	Commercial Services	Netherlands	10,555	AAA-	n/a	n/a	10,160	n/a	n/a	AAA-
81	114	PetroChina	Oil&Gas	China	10,491	AA	224,816	5%	8,031	217,192	4%	AA
82	104	BP	Oil&Gas	United Kingdom	10,222	A	129,794	8%	8,754	131,470	7%	BB
83	81	FedEx	Transportation	United States	10,072	AA+	23,142	44%	10,686	27,779	38%	AA
84	99	Agricultural Bank Of China	Banks	China	9,929	A+	132,157	8%	9,283	134,233	7%	A+
85	82	UnitedHealth Group	Healthcare	United States	9,920	AA	45,645	22%	10,606	35,660	30%	AA+
86	102	BT	Telecommunications	United Kingdom	9,820	AA	14,869	66%	9,061	31,987	28%	AA+
87	108	LG	Miscellaneous Manufacture	South Korea	9,809	AA-	72,643	14%	5,767	30,720	19%	A+
88	84	E.ON	Utilities	Germany	9,695	A+	85,839	11%	10,513	105,505	10%	A+
89	117	Deloitte	Commercial Services	United States	9,660	AAA-	n/a	n/a	7,841	n/a	n/a	AAA
90	98	CVS Caremark	Retail	United States	9,421	AA-	50,587	19%	9,286	23,379	40%	AA-
91	80	ASDA	Retail	United States	9,406	AA-	23,278	40%	10,689	23,005	46%	AA-
92	58	Goldman Sachs	Banks	United States	9,332	AA+	44,788	21%	13,406	81,679	16%	AAA-
93	97	Canon	Technology	Japan	9,293	AA+	50,498	18%	9,372	55,438	17%	AAA-
94	64	Panasonic	Technology	Japan	9,233	AA-	31,723	29%	12,525	44,793	28%	AA
95		Time Warner Cable	Media	United States	9,140	AA	43,448	21%				
96	113	SAP	Technology	Germany	9,042	AAA-	75,303	12%	8,037	60,809	13%	AAA-
97	100	Boeing	Aerospace/Defense	United States	9,022	AA	50,584	18%	9,213	54,226	17%	AA
98	115	eBay	Technology	United States	8,959	AAA	27,153	33%	8,002	17,711	45%	AAA
99	92	Lowe's	Retail	United States	8,882	AA-	31,591	28%	9,751	35,502	27%	AA-
100	243	Sumitomo	Miscellaneous Manufacture	Japan	8,881	A	100,244	9%	4,260	55,078	8%	AA

Abbildung 20: Die wertvollsten Marken der Welt (2012) (Platz 76 – 100)

Quellenverzeichnis

Selbstständige Bücher und Schriften

Arbeitsgemeinschaft QUEM: Kompetenzmessung im Unternehmen - Lernkultur- und Kompetenzanalysen im betrieblichen Umfeld. Münster 2005

Barth, Thomas; Barth, Daniela: Controlling. 2. Aufl. München 2008

Bea, Franz Xaver; Haas, Jürgen: Strategisches Management. 4. Aufl. Stuttgart 2005

Beck, Ralf: Erfolg durch wertorientiertes Controlling – Entscheidungen unterstützende Konzepte. Berlin 2003

Becker, Dieter: Intangible Assets in der Unternehmenssteuerung. Wiesbaden 2005

Bodrow, Wladimir; Bergmann, Philipp: Wissensbewertung in Unternehmen – Bilanzieren von intellektuellem Kapital. Berlin 2003

Bragg, Steven M.: Business Ratios And Formulas – A Comprehensive Guide. 3. Aufl. New Jersey 2012

Brigham, Eugene F.; Houston, Joel F..: Fundamentals of Financial Management. 7. Aufl. Mason 2012

Brockington, Raymond: Accounting for Intangible Assets – A New Perspective on the True and Fair View. Cambridge 1996

Brooking, Annie: Intellectual Capital: Core Asset for the Third Millennium Enterprise. London 1996

Brösel, Gerrit; Rainer, Kasperzak: Internationale Rechnungslegung, Prüfung und Analyse – Aufgaben und Lösungen. München 2004

Brüser, Joachim: Unternehmensnachfolge – Wie Sie als Mittelständler den Stab weitergeben. Berlin 2007

Coenenberg, Adolf G.; Salfeld, Rainer: Wertorientierte Unternehmensführung – Vom Strategieentwurf bis zur Implementierung. 2. Aufl. Stuttgart 2007

Collis, David J.; Montgomery, Cynthia A.: Corporate Strategy: A Resource-Based Approach. 2. Aufl. Boston 2005

Cravens, David W. et al.: The Oxford Handbook of Strategic Sales and Sales Management. New York 2011

Daum, Jürgen H.: Intangible Assets oder die Kunst, Mehrwert zu schaffen. Bonn 2002.

Dunning, John H; Lundan, Sarianna M.: Multinational Enterprises and the Global Economy. 2. Aufl. Cheltenham – Northampton 2008

Edvinsson, Leif; Malone, Michael S.: Realizing Your Company's True Value by Finding Its Hidden Brainpower. New York 1997

Egger, Manfred: Konzeption eines integrierten Value Managements am Beispiel der Telekom Austria. Wien 2006

Fandel, Günter et al.: Modern Concepts of the Theory of the Firm – Managing Enterprises of the New Economy. Berlin 2004

Fields, Edward: The Essentials of Finance and Accounting for Nonfinancial Managers. 2. Aufl. New York 2011

Freidank, Carl-Christian et al.: Vahlens Großes Auditing Lexikon. München 2007

Gladen, Werner: Performance Measurement. 5. Aufl. Wiesbaden 2011

Gundel, Tobias: Der EVA als Management- und Bewertungskonzept. Wiesbaden 2012

Haas, Ingeborg: BilMoG – Die Bilanzrechtsform im Überblick. 2. Aufl. Freiburg 2011

Hahn, Dietger; Taylor, Bernard: Strategische Unternehmensplanung – Strategische Unternehmensführung. 9. Aufl. Berlin – Heidelberg 2006

Harrington, H. James; Voehl, Frank: Knowledge Management Excellence. Buch 4, Chico CA 2007

Hering, Thomas: Unternehmensbewertung. 2. Aufl. München 2006

Hirsch, Bernhard: Controlling und Entscheidungen. Tübingen 2007

Holsapple, Clyde W.: Handbook on Knowledge Management. Berlin – Heidelberg 2004

Horváth, Péter: Controlling. 11. Aufl. München 2009

Information Resources Management Association: Organizational Learning and Knowledge: Concepts, Methodologies, Tools and Applications. Hershey – London 2012

Joia, Luiz Antonio: Strategies for Information Technology and Intellectual Capital - Challenges and Opportunities. 2. Aufl. Hershey – London 2007

Jung, Hans: Controlling. 2. Aufl. München 2007

Kantowski, Jürgen: Einsatz von Realoptionen im Investitionscontrolling am Beispiel Biotechnologie. Köln 2011.

Kaplan, Robert S.; Norton, David P.: The Balanced Scorecard – Translating Strategy into Action. Boston 1996

Kaplan, Robert S.; Norton, David P.: Strategy Maps – Converting Intangible Assets into Tangible Outcomes. Boston 2004

Klug, Anna Kathrin: Wissensbilanzierung in Bibliotheken – Chancen und Probleme bei der Anwendung des Modells „Wissensbilanz – Made in Germany". Wiesbaden 2010

Knieps, Günter: Wettbewerbsökonomie – Regulierungstheorie, Industrieökonomie, Wettbewerbspolitik. 2. Aufl. Berlin – Heidelberg – New York 2005

Küpper, Hans-Ulrich: Controlling – Konzeption, Aufgaben, Instrumente. 5. Aufl. Stuttgart 2008

Lafleur, Martin: Loyalty Profiling: Erfolgsdimensionen und Modellansätze eines effizienten und effektiven Customer Relationship Managemant. Frankfurt am Main 2010

Lehner, Franz: Wissensmanagement – Grundlagen, Methoden und technische Unterstützung. 3. Aufl. München 2009

Lev, Baruch: Intangibles - Management, Measurement, and Reporting. Washington 2001

Lohr, Burkhard: Bewertung bauausführender Unternehmen: Ein ganzheitliches entscheidungsorientiertes Konzept. München 2001

Lytras, Miltiadis et al.: Knowledge Management Strategies – A Handbook of Applied Technologies. Hershey – London 2008

Mackenzie, Bruce et al.: Handbuch IFRS 2011. 7. Aufl. Hoboken 2011

Mensch, Gerhard: Investition – Managementwissen für Studium und Praxis. München, Wien 2002

Mertins, Kai et al.: Wissensbilanzen - Intellektuelles Kapital erfolgreich nutzen und entwickeln. Berlin 2005

Michel, Stefan; Pifko, Clarisse: Marketingkonzept: Grundlagen mit zahlreichen Beispielen, Repetitionsfragen mit Antworten und Glossar. 3. Aufl. Zürich 2011

Mödritscher, Gernot J.: Customer Value Controlling – Hintergründe, Herausforderungen – Methoden. Wiesbaden 2008

North, Klaus: Wissensorientierte Unternehmensführung – Wertschöpfung durch Wissen. 5. Aufl. Wiesbaden 2011

Penrose, Edith Tilton: The Theory of the Growth of the Firm. Oxford 1959.

Preißler, Peter R.: Controlling. 13. Aufl. München 2007

Preißler, Peter R.: Betriebswirtschaftliche Kennzahlen. München 2008

Prexl, Anja: Nachhaltigkeit kommunizieren – nachhaltig kommunizieren. Wiesbaden 2010

Rappaport, Alfred: Creating Shareholder Value – A Guide for Managers and Investors. 2. Aufl. New York 1998

Reichmann, Thomas: Controlling mit Kennzahlen. 8. Aufl. München 2011

Reimsbach, Daniel: Immaterielles Vermögen in der Unternehmensanalyse. Wiesbaden 2011

Reinecke, Sven; Janz, Simone: Marketingcontrolling: Sicherstellen von Marketingeffektivität und –effizienz. Stuttgart 2007

Ryals, Lynette: Managing Customers Profitably. Chichester 2008

Salvendy, Gavriel: Handbook of Human Factors and Ergonomics. 4. Aufl. New Jersey 2012

Scholz, Christian et al.: Human Capital Management – Raus aus der Unverbindlichkeit!. 3. Aufl. Köln 2011

Soelberg, Christian: Wissenskapital als Instrument der strategischen Unternehmensführung – Wissensbasis in Prozessen und deren automatisierte Messung und Bewertung zur Erstellung einer Wissensbilanz. Berlin 2012

Stewart, Thomas A.: Der vierte Produktionsfaktor: Wachstums- und Wettbewerbsvorteile durch Wissensmanagement. München – Wien 1998

Stiefl, Jürgen; Von Westerholt, Kolja: Wertorientiertes Management – Wie der Unternehmenswert gesteigert werden kann. München 2008

Sturm, Rüdiger: Allgemeine Betriebswirtschaftslehre. München 2006

Sveiby, Karl-Erik: Wissenskapital, das unentdeckte Vermögen – Immaterielle Unternehmenswerte aufspüren, messen und steigern. Frankfurt – Leipzig 1998

Teng-Kee, Tan; Xiaofang, Fu: Proceedings of the International Conference on Chinese Enterprise Research 2007. Nanyang 2008

Wall, Anthony et al.: Intellectual Capital – Measuring the Immeasurable?. Oxford – Burlington 2004

Wengel, Torsten: IFRS kompakt. München 2007

Vanini, Ute: Controlling. Stuttgart 2009

Weber, Jürgen; Schäffer, Utz: Einführung in das Controlling. 13. Aufl. Stuttgart 2011

Ziegenbein, Klaus: Controlling. 9. Aufl. Ludwigshafen 2007

Beiträge in Sammelwerken

Ackermann, Karl-Friedrich; Bahner, Jens: Mitarbeiterorientierte Unternehmensführung. In: Neue Organisationsformen im Unternehmen – Ein Handbuch für das moderne Management, hrsg. von Hans-Jörg Bullinger et al., 2. Aufl. Berlin – Heidelberg – New York 2003, S. 370-388

Bischof, Jürgen: Controlling immaterieller Vermögenswerte. In: Controlling immaterieller Vermögensgegenstände – Intangible Assets erkennen, bewerten und steuern, hrsg. von Jürgen Bischof, Frederic Fredersdorf, Düsseldorf 2008

Hermann, Hans-Erwin: Strategische und wertorientierte Führung im Bayer Konzern. In: Strategische Steuerung – Erfolgreiche Konzepte und Tools in der Controllingspraxis, hrsg. von Péter Horváth, Stuttgart 2000, S. 61-82

Kartte, Dunja: Bewertung und Management von Marken. In: Immaterielle Vermögenswerte – Handbuch der Intangible Assets, hrsg. von Matzler Hinterhuber et al., Berlin 2006, S. 467-482

Keller, Bernd: Einflüsse des BilMoG auf die Rechnungslegung immaterieller Vermögensgegenstände. In: Das Gesetz zur Modernisierung des Bilanzrechts (BilMoG), hrsg. von Carl-Christian Freidank, Peter Altes, Berlin 2009, S. 93-108

Kley, Karl-Ludwig: Wertorientiertes Konzerncontrolling bei der Deutsche Lufthansa AG. In: Strategische Steuerung – Erfolgreiche Konzepte und Tools in der Controllingspraxis, hrsg. von Péter Horváth, Stuttgart 2000, S. 1-28

Lange, Sören; Kraemer, Stephan: Ansätze zur Bilanzierung – Immaterielle Ressourcen im Spannungsfeld von Wissenschaft und Praxis. In: Wissens- und Informationsmanagement – Strategien, Organisation und Prozesse, hrsg. von Frank Keuper, Fritz Neumann, Wiesbaden 2009, S. 441-459

Lingnau, Volker: Controlling als Managementfunktion. In: Betriebswirtschaftslehre Band 2, 4. Aufl., hrsg. von Hans Corsten, Michael Reiß, München 2008, S. 81-138

Müller, Claudia: Wissen, intangible Assets oder intellektuelles Kapital – eine Begriffswelt in Diskussion. In: Immaterielle Vermögenswerte – Handbuch der Intangible Assets, hrsg. von Matzler Hinterhuber et al., Berlin 2006, S. 3-22

Mödritscher, Gernot; Mussnig, Werner: Eine kritische Reflexion und methodische Weiterentwicklung des Customer Lifetime Value-Konzeptes. In: Immaterielle Vermögenswerte – Handbuch der Intangible Assets, hrsg. von Matzler Hinterhuber et al., Berlin 2006, S. 643-668

Reich, Ronald, Meder Andreas: Evaluierung von Erfolgsfaktoren technologieorientierter Unternehmensgründungen anhand eines ressourcenbasierten Modellansatzes. In: Methoden und Qualität in Gründungslehre, Gründungscoaching und Gründungsberatung – Interventionen und Innovationen, hrsg. von Klaus Dieter-Müller, Christoph Diensberg, Köln 2011, S. 137-154

Wall, Friederike; Schröder, Regina W.: Zwischen Shareholder Value und Stakeholder Value: Neue Herausforderungen für das Controlling?!. In: Controlling zwischen Shareholder Value und Stakeholder Value – Neue Anforderungen, Konzepte und Instrumente, hrsg. von Friederike Wall, Regina W. Schröder, München 2009, S. 3-18

Zenz, Andreas: Controlling: Bestandsaufnahme und konstruktive Kritik theoretischer Ansätze. In: Produktenstehung, Controlling und Umweltschutz, hrsg. von Harald Dyckhoff, Heinz Ahn, Heidelberg 1998, S. 27-60

Zehetner, Karl; Prange, Christiane: Innovationsreputation als Quelle von Wettbewerbsvorteilen – Rating, Ranking, Realität?. In: Immaterielle Vermögenswerte – Handbuch der Intangible Assets, hrsg. von Matzler Hinterhuber et al., Berlin 2006, S. 483-498

Aufsätze in Zeitschriften, Zeitungen und Loseblattwerken

Arbeitskreis Externe Unternehmensrechnung der Schalenbach-Gesellschaft: Grundsätze für das Value Reporting. Der Betrieb, Heft 45 (Jg. 55) 2002, S. 2337-2340

Arbeitskreis „Immaterielle Werte im Rechnungswesen" der Schalenbach-Gesellschaft: Freiwillige externe Berichterstattung über immaterielle Werte. Der Betrieb, Heft 23 (Jg. 56) 2003, S. 1233-1237

Bruhn, Manfred et al.: Wertorientiertes Relationship Marketing: Vom Kundenwert zum Customer Lifetime Value. Die Unternehmung, Heft 3 (Jg. 54) 2000, S. 167-187

Daum, Jürgen H.: Intellectual Capital Statements: Basis für ein Rechnungswesen- und Reportingmodell der Zukunft?. Controlling – Zeitschrift für Erfolgsorientierte Unternehmensführung, 15. Jg., Heft 3-4, März/April 2003, S. 143-154 (www.juergendaum.de)

Harvard Management Update: Getting a Grip on Intangible Assets – What they are, why they matter, and who should be managing them in your organisation. Band 6, Nr. 2, 2001, S. 6-7

Heidemann, Julia et al.: Customer Lifetime Value – Entwicklungspfade, Einsatzpotenziale und Herausforderungen. Journal für Betriebswirtschaftslehre, Heft 4 (Jg. 59) 2009, S. 183–199

Marr, Bernard et al.: Intellectual Capital – defining key performance indicators for organizational knowledge assets. Journal of Intellectual Capital: Management consulting practice on intellectual capital. Band 6, Nr. 4, 2005, S. 551-569

Pulic, Ante: VAIC – an accounting tool for IC management. International Journal of Technology Management, Band 20, 2000, Nr. 5/6/7/8, S. 702 - 714

Schrader, Ulf; Hansen, Ursula: Corporate Social Responsibility als aktuelles Thema der Betriebswirtschaftslehre. Die Betriebswirtschaft 65 (4) 2005, S. 373-395

Tobin, James: A General Equilibrium Approach to Monetary Theory. Journal of Money, Credit and Banking, Band 1, Nr. 1, Februar 1969, S. 15-29

Hochschulschriften

Zinsch, Benjamin Alexander: Bewertung mittelständischer Unternehmen – Verfahren und Besonderheiten bei kleinen und mittleren Unternehmen. Diplomarbeit, Hamburg 2008

Internetquellen

Agenda 21: http://www.agenda21.de/agenda-21/agenda-21-geschichte.html, 22.03.2012

Bontis, Nick: Assessing Knowledge Assets: A Review of the Models Used to Measure Intellectual Capital. Oktober 2000, http://www.business.mcmaster.ca/mktg/nbontis/ic/publications/bontisijmr.pdf, 18.04.2012

FAZ: Börse & Anlage. http://www.fazfinance.net/Aktien/AppleInc/US0378331005/Frankfurt/Wertpapier.html?id =kenn, 16.04.2012

Finanzen.net: Marktdaten zu Coca-Cola. http://www.finanzen.net/bilanz_guv/Coca-Cola, 15.03.2012

Financial Times: Top Unternehmen der Welt nach Marktwert (30.06.2011). http://de.statista.com/statistik/daten/studie/12108/umfrage/top-unternehmen-der-welt-nach-marktwert/, 15.03.2012

Firer, Steven; Williams, S. Mitchell: Intellectual Capital and Traditional Measures of Corporate Performance. Research Papers, Hamilton (Canada) 2003, http://www.research.smu.edu.sg/faculty/cgic/Research/Research_Papers/CGICResearchPaper6.pdf, 16.04.2012

IASC: http://www.ifrs-portal.com/Grundlagen/Was_sind_IFRS_IAS/Was_sind_IFRS_IAS_01.htm, 28.03.2012

McClure, Ben: Intangible Assets Provide Real Value To Stocks. Investopedia, Juli 2010. http://www.investopedia.com/articles/03/010603.asp#axzz1sPgyqBIm, 18.04.2012

Sanchez, Tauni: Sustainability as an Investment Concept. http://infohouse.p2ric.org/ref/40/39698.pdf, 22.03.2012

Spiegel Online Wirtschaft: Marktwert von Apple übersteigt halbe Billionen Dollar (bos/Reuters/dapd). http://www.spiegel.de/wirtschaft/unternehmen/0,1518,818734,00.html, 16.04.2012

Stroisch, Jörg: Wie Wissensbilanzen Unternehmen durch die Krise bringen. Wirtschafts-woche (22.05.2009). http://www.wiwo.de/unternehmen/unternehmensbewertung-wie-wissensbilanzen-unternehmen-durch-die-krise-bringen/5541182.html, 03.04.2012

Will, Markus: „Wissensbilanz - Made in Germany" im EnBW Geschäftsbericht 2009. Presseportal, 23.03.2010. http://www.presseportal.de/pm/63551/1582872/-wissensbilanz-made-in-germany-im-enbw-geschaeftsbericht-2009, 03.04.2012

Sonstiges Schrifttum

Arbeitskreis Wissensbilanz, http://www.akwissensbilanz.org/Arbeitskreis/expertengruppe.htm, 03.04.2012

BMWi: Wissensbilanz – Made in Germany – Leitfaden 2.0 zur Erstellung einer Wissensbi-lanz. Dokumentation Nr. 574, Oktober 2008, http://www.akwissensbilanz.org/Infoservice/Infomaterial/WB-Leitfaden_2.0.pdf, 23.04.2012

Brand Finance: Brand Finance Global 500 (2012): http://www.brandfinance.com/knowledge_centre/reports/brand-finance-global-500-2012, 25.04.2012

Bürgel: Unternehmensinsolvenzen in Deutschland bis 2011 (Januar 2012). http://de.statista.com/statistik/daten/studie/75215/umfrage/unternehmensinsolvenzen-in-deutschland-seit-2000/, 06.03.2012

Daimler Ag (2011): http://www.daimler.com/Projects/c2c/channel/documents/ 2125318_Daimler_2011_Gesch__ftsbericht.pdf, 25.04.2012

Daimler AG: Nachhaltigkeitsbericht (2011):
http://www.daimler.com/Projects/c2c/channel/documents/
1827873_Daimler_Nachhaltigkeitsbericht__2011_de.pdf, 26.04.2012

EnBW Geschäftsbericht 2011:
http://www.enbw.com/content/_media/_downloadcenter/gb_2011_de.pdf, 03.04.2012

Euler Hermes Kreditversicherung: Ursachen von Insolvenzen – Gründe für Unternehmensinsolvenzen aus der Sicht von Insolvenzverwaltern (November 2006).
http://www.wirtschaft-konkret.de/de/dokumente/414-ursachen-von-insolvenzen.pdf/414-
ursachen-von-insolvenzen.pdf. In: Wirtschaft Konkret, Nr. 414, 06.03.2012

HGB-Auszug vom Bundesministerium der Justiz: http://www.gesetze-im-
internet.de/hgb/__246.html, http://www.gesetze-im-internet.de/hgb/__248.html,
http://www.gesetze-im-internet.de/hgb/__255.html, http://www.gesetze-im-
internet.de/hgb/__253.html, http://www.gesetze-im-internet.de/hgb/__252.html,
http://www.gesetze-im-internet.de/hgb/__266.html, 26.03.2012

Interbrand: http://www.interbrand.com/de/about-us/Interbrand-about-us.aspx, 12.04.2012

Interbrand: http://www.interbrand.com/de/best-global-brands/best-global-brands-
methodology/Overview.aspx#, 12.04.2012

Interbrand Zintzmeyer und Lux. Wert haben und Wert sein. Die Markenbewertung von
Interbrand. Januar 2005.
http://www.markenlexikon.com/d_texte/verfahren_interbrand_ansatz.pdf, 12.04.2012

Interbrand – Ranking of the Top 100 Brands (2011): http://www.interbrand.com/de/best-
global-brands/best-global-brands-2008/best-global-brands-2011.aspx, 26.03.2012

International Accounting Standard 38 (März 2010):
http://ec.europa.eu/internal_market/accounting/docs/consolidated/ias38_en.pdf, 01.05.2012

Kommission der Europäischen Gemeinschaft: Grünbuch – Europäische Rahmenbedingungen für die soziale Verantwortung der Unternehmen (18.07.2001). http://eur-lex.europa.eu/LexUriServ/site/de/com/2001/com2001_0366de01.pdf, 22.03.2012

KPMG: Patente, Marken, Verträge, Kundenbeziehungen – Werttreiber des 21. Jahrhunderts (2008). https://www.kpmg.de/docs/StudiePatente_211207.pdf, 20.04.2012

Leo Wörterbuch: http://dict.leo.org/ende?lp=ende&lang=de&searchLoc=0&cmpType=relaxed&sectHdr=on &spellToler=&search=control, 10.03.2012

Lexikon der Nachhaltigkeit: http://www.nachhaltigkeit.info/artikel/weltgipfel_rio_de_janeiro_1992_539.htm, 22.03.2012

OECD: Measuring and Reporting Intellectual Capital: Experiences, Issues and Prospects (1999). http://www.oecd.org/dataoecd/16/16/1947839.pdf, 01.05.2012

SAP AG Geschäftsbericht (2011): http://www.sap.com/corporate-de/investors/pdf/SAP-2011-Geschaeftsbericht.pdf, 26.04.2012

SAP AG Sustainability Report (2011): http://sapsustainabilityreport.com/our-progress, 26.04.2012

WCED: Our Common Future, Chapter 2: Towards Sustainable Development. http://www.un-documents.net/ocf-02.htm, 22.03.2012